细说明朝

一本书读懂明代文明

姜 越 ◎ 编著

·北京·

图书在版编目(CIP)数据

细说明朝：一本书读懂明代文明 / 姜越编著. --北京：群言出版社，2015.9（2022.8 重印）
ISBN 978-7-80256-831-0

Ⅰ.①细… Ⅱ.①姜… Ⅲ.①文化史-中国-明代-通俗读物 Ⅳ.①K248.03-49

中国版本图书馆 CIP 数据核字（2015）第 182339 号

责任编辑：	朱前前　卢　珊
封面设计：	侯泰设计工作室

出版发行：	群言出版社
社　　址：	北京市东城区东厂胡同北巷 1 号（100006）
网　　址：	www.qypublish.com（官网书城）
电子信箱：	qunyancbs@126.com
联系电话：	010-65267783　65263836
法律顾问：	北京法政安邦律师事务所
经　　销：	全国新华书店
印　　刷：	北京洲际印刷有限责任公司
版　　次：	2015 年 11 月第 1 版
印　　次：	2022 年 8 月第 2 次印刷
开　　本：	640mm × 960mm　　1/16
印　　张：	15.25
字　　数：	240 千字
书　　号：	ISBN 978-7-80256-831-0
定　　价：	58.00 元

【版权所有，侵权必究】

如有印装质量问题，请与本社发行部联系调换，电话：010-65263836

前言

华夏文明是历史留给华夏子孙永不磨灭的光辉以及生生不息的源泉和力量。然而,文明总是历经磨难始光明,黎明的前夜是黑暗和风雨,文明的前奏却伴随着血雨腥风的洗礼。熠熠闪耀的文明新星划过长空,冉冉升起。明代也是如此,在推翻了前朝昏暗的统治后,建立了新秩序。

元朝末期,官员贪污,蒙古贵族靡烂,朝政腐败。1351年元顺帝派贾鲁治理黄河,征调各地百姓二十万人。同年五月,白莲教韩山童与刘福通煽动饱受天灾与督工苛待的百姓叛元起事。他自称明王,建立红巾军,据有河南与安徽等地。红巾军与各地义军陆续起事,势力扩张到华中、华南地区。

从1368年朱元璋建立明朝,到1644年也就是崇祯十七年,李自成农民军攻入北京,明朝灭亡。明朝共历经十二世、十六帝,276年。这200多年间,以开国皇帝朱元璋为代表的最高统治集团,在总结历史经验,特别是在吸取元朝亡国的历史教训中,形成了一套具有封建社会后期时代特点的

立法思想。相继开创了洪武之治、永乐盛世、仁宣之治、弘治中兴等盛世。期间出现了资本主义萌芽和雇佣经济，商品经济空前繁荣，文学创作辉煌，艺术流派纷呈，社会生活丰富多彩，是中国历史的黄金时期。

在明朝时期，中国古代的文学艺术出现平民化与世俗化趋势，文学艺术空前繁荣。宋明理学也在明朝达到完善。文学方面，比较有特色的，表现在诗文、小说、戏曲三方面。

明朝调动了大量的人力和物力，从多方面对中国古典文化进行了大规模的整理，包括类书、政书、丛书、文集、总集、字典、词典、书目等等。其中尤以类书和丛书为最，其规模宏大、编制精密，不仅在中国属于空前，即使是在世界文化史上也是屈指可数的。

明代地理学著作与史学近似，前期多官修，后期多私修，这与明代专制主义中央集权政治的强弱以及王学的兴起有一定的关联。方志的纂修在明后期也成为一种风尚。中国古代科学技术在明代继续发展，农学、医药学、金属冶炼等方面都居世界领先地位。

明朝推翻了元朝残暴的民族压迫统治，重建了一批政治文化制度，把中华文化发扬到一个新的高度，是明朝第一次向西方世界全面展示中华文明辉煌灿烂的程度。明朝文化的灿烂繁荣，不仅在中国国内有着深远的影响，而是在周边国家和地区也有很大影响。

因此，有明一代在浩瀚的历史长河中留下的文明足迹，是作为21世纪的青年一代不可不去领略的风景。本书将明代完备的法制、繁荣的经济、盛世的陶瓷、瞩目的航海、特色的建筑、巅峰的文学创作、兴盛的绘画、经典的戏剧以及丰富多彩的社会生活等方面进行了横向与纵向的论述。

"踏雪寻梅"是自然与心灵的遥相呼应，编辑此书的目的就是要引领大家循着历史的芳踪，重温并传承中华文明的味道。

第一章 律彰制明——皇权人治的制度文明

明代大体上沿用前制，在承袭元制的基础上，朱元璋亲自设计、制定了几项重要的政治制度，对以往政治制度进行了大胆的变革和创新。明朝的最高权力在皇帝，后来废除中书省，由六部直接对皇帝负责，后来设置内阁。到了仁宣之后，具体的行政权向内阁和六部转移。同时还设有监察机构和特务机构，在地方设立三司，加强地方管理，从而形成了从中央到地方的高度统一。

重"典"明"礼"治国 …………………………………… 002

最高中央机构："六部" …………………………………… 004

丞相制度的终结 …………………………………………… 006

皇帝的贴身"秘书"：内阁 ……………………………… 010

疏而不漏的"监察网络" ………………………………… 013

能监察辅政的"六科给事中" …………………………… 016

明代的"八府巡按" ……………………………………… 018

财政管理机构："十三清吏司" ………………………… 020

明代最高学府：国子监 …………………………………… 022

明代的"高考"："八股取士" ………………………… 024

扩展阅读 秘密"警察"机构："锦衣卫" …………… 027

第二章 资本新兴——华夏经济文明的重要篇章

明代的经济无论是农业、商业还是手工业方面都出现了新的增长趋势。特别是随着郑和下西洋的过程中的对外贸易十分频繁，农业、手工业以及商业繁荣发展，农业巨著《农政全书》也在这一时期问世。

资本主义的萌芽 ·················· 030

引进粮食新品种 ·················· 032

农业巨著：《农政全书》············ 035

丘濬与他的物价管理思想 ············ 038

丝织业与丝织品贸易 ················ 041

造纸业与印刷业的繁荣 ·············· 044

明代的"朝贡贸易" ················ 048

扩展阅读　明代的蔬菜 ·············· 051

第三章　一枝独秀——盛世陶瓷文明的崛起

明代在中国陶瓷发展史上是由宋代的百花争艳，经由元代的过渡，变成了几乎由景德镇一花独放的局面。唐末至两宋时期，名窑遍布全国，有很多品种，都有各自的市场。到明代中期以后，景德镇的瓷器几乎占据了全国的主要市场，而高质量瓷器的独占者——宫廷所用的瓷制品，也几乎主要由景德镇供应。由此可知，真正代表了明代时代特征的是景德镇瓷器。

"官搭民烧"的明代陶瓷 ············ 054

盛世官窑："青花瓷" ·············· 057

影响深远的民窑青花 ················ 059

彩瓷的里程碑："成化斗彩" ········ 061

世界白瓷之母："德化白瓷" ········ 064

紫砂名器的兴起 ·················· 065

雅俗共赏的瓷制酒器 ················ 067

瓷器的中外交流 ·················· 069

扩展阅读　金托玉爵 ················ 071

第四章　寻山探海——明代的航海与地理文明

　　明代在地理领域的探寻可谓功不可没。明代航海与造船文明的发展也是相辅相成的。明末，地理学家和旅行家徐霞客，足迹遍及中国东部、中部、南部及西南部。他的全部考察日记后经友人整理定名为《徐霞客游记》，是世界科学史上最早出现的关于岩溶地貌研究的宝贵文献。除此之外，还有很多对中国明代地理探索做出贡献的人物，在我国地理文明长河中留下了深深的足迹。

　　领先世界的造船术 …………………………………… 074

　　造船业文明的顶峰 …………………………………… 076

　　航海史的壮举：郑和下西洋 ………………………… 078

　　航海中的科技文明 …………………………………… 082

　　郑若曾的"筹海抗倭"思想 ………………………… 085

　　地理探索先驱：徐霞客 ……………………………… 088

　　最早分省地图集：《广舆图》 ……………………… 090

　　扩展阅读　治黄巨匠：潘季驯 ……………………… 093

第五章　中华遗迹——空前繁荣的明代建筑文明

　　明代开始，中国进入了封建社会晚期。这一时期的建筑样式，上承宋代营造法式的传统，下启清代官修的工程做法。经济的繁荣促进了各类建筑的发展。北京的宫殿、坛庙、陵墓和寺观，十三陵、天坛等，都是明朝有代表性的建筑群。明代的地方建筑也空前繁荣，各地的住宅、园林、祠堂、村镇建筑普遍兴盛，其中江南经济发达地区的建筑比较突出。

　　宫廷建筑的"中心"文化 …………………………… 096

　　明代的皇宫建制 ……………………………………… 098

　　神坛的祭祀文化 ……………………………………… 101

风水宝"墓":"明十三陵" ………………………………… 104

明代"木作"建筑文化 …………………………………… 108

扩展阅读　太极星象村:俞源古村 ……………………… 111

第六章　天然雕饰——古代家具文明的鼎盛期

明代是自汉唐以来,我国家具历史上的又一个兴盛期。随着当时经济的繁荣,城市的园林和住宅建设也兴旺起来,贵族、富商们新建成的府第,需要装备大量的家具,这就形成了对家具的大量需求。明代的一批文化名人,热衷于家具工艺的研究和家具审美的探求,他们的参与对于明代家具风格的成熟,起到极大的促进作用。

"古、雅、精、丽"的明代家具 ………………………… 114

家具部件的艺术造型与科学实用的统一 ………………… 116

明代家具的选料文化 ……………………………………… 119

精巧新奇的"几""案"文明 …………………………… 123

简洁实用的"桌"具文明 ………………………………… 125

明代座椅的独特设计 ……………………………………… 128

典雅舒适的明代"卧"具文化 …………………………… 131

精美和谐的"摆"具文明 ………………………………… 134

扩展阅读　"桌"与"案"的联系 ……………………… 137

第七章　雅俗共赏——推陈出新的明代文学创作

明代文学在总体上出现了雅俗文学相互融合的局面。明代时,小说的创作更为丰富,中国四大名著中三本都创作于明代,它们将明代的文学创作推向新高潮。明朝除在文学方面有很大的发展之外,在医学、科技等其他领域也出现令人瞩目的佳作。

雅俗文学的融合 ………………………………… 140

"新儒学"的先声：宋、刘"理学" …………… 142

"三杨"的"台阁体"文学 …………………… 145

"三袁"的"公安派"文学 …………………… 148

"三言两拍"的"俗"文化 …………………… 151

《水浒传》的忠义文化 ………………………… 154

《三国演义》的智慧人生 ……………………… 156

《西游记》的神魔文化 ………………………… 158

《金瓶梅》的现实主义文学 …………………… 160

李时珍与《本草纲目》 ………………………… 162

宋应星与《天工开物》 ………………………… 165

扩展阅读 朱载堉与《乐律全书》 …………… 167

第八章 经典"传奇"——兼容并包的明代戏曲文明

元代戏曲是一个极度发展的时代，明代对戏曲的传承与发展同样呈现了繁荣的景象。杂剧是元代戏曲的重要形式，在此基础之上，明代对其进行了新的改进，形成了兼容并包的"新杂剧"。"传奇"戏剧是明代的一大创举，汤显祖的《牡丹亭》成为明代以至后来一直传唱的不朽经典剧目。尤其是经过魏良辅改进的"昆腔"，更是誉满明清。

南北兼有的戏曲文明 …………………………… 170

盛极一时的"传奇"戏剧文明 ………………… 172

魏良辅改良的"昆腔"文化 …………………… 175

剧坛霸主："昆剧"文明 ……………………… 177

"临川派"与"吴江派"的戏曲创作 ………… 179

汤显祖的"奇梦"戏曲作品 ………………………… 182

扩展阅读 《浣纱记》的"西施"灵魂 ………………… 187

第九章 纸墨留香——千古流芳的明代书画文明

　　明代时期的绘画继承了两宋的传统,特别是宫廷绘画的特点。在早期,产生了以戴进、吴伟为首的"浙派",同时吴伟也是"江夏派"的代表。明代中、后期,宋元以来的文人水墨画风体裁得以复兴,发展为以沈周、文徵明、唐寅等为代表的"吴门四家",以及以董其昌为代表的"松江派"。在花鸟画方面,技法不时有所创新,徐渭所开拓出的大写意花鸟笔墨豪迈,对后期画坛影响深远。

齐头并进的书画时代 ………………………………… 190

篆刻技艺的再度兴起 ………………………………… 193

蜚声画坛的"吴门四家" …………………………… 196

"松江画派"的代表:董其昌 ……………………… 199

吴伟与江夏画派 ……………………………………… 201

"宫廷院体画"绘画艺术 …………………………… 203

古典版画的插图文化 ………………………………… 206

扩展阅读 繁盛的印谱文明 ………………………… 209

第十章 宫俗民风——多姿多彩的社会文化

　　明代社会是由最初的保守逐渐走向开放的时代,随着政治、经济、文化等方面的发展,明代人们的生活也同样随之改变。从皇家内院的冠服乌纱,到平民百姓的网巾小帽;从宫廷内的歌舞升平,到街头巷尾的民歌小调;从皇室大臣的宫廷宴饮,再到坊间民宅的酒茶,无不存在着风格各异的文化。总体上说,在明代无论是宫苑之内还是宫墙之外,人们的风俗、礼仪、生活文化等等都呈现了形式多样、多姿多彩的面貌。

明代官服与乌纱文化 …………………………………………… 212

街头巷尾的"巾、帽"文化 ……………………………………… 213

明代宫廷饮食文化 ……………………………………………… 215

明代宫廷宴舞文明 ……………………………………………… 219

明代民间的器乐文明 …………………………………………… 221

明代的酒令文化 ………………………………………………… 224

明代的茶文化 …………………………………………………… 227

明代的藏书楼与藏书文化 ……………………………………… 229

扩展阅读　严氏服装 …………………………………………… 232

第一章

律彰制明
——皇权人治的制度文明

明代大体上沿用前制,在承袭元制的基础上,朱元璋亲自设计、制定了几项重要的政治制度,对以往政治制度进行了大胆的变革和创新。明朝的最高权力在皇帝,后来废除中书省,由六部直接对皇帝负责,后来设置内阁。到了仁宣之后,具体的行政权向内阁和六部转移。同时还设有监察机构和特务机构,在地方设立三司,加强地方管理,从而形成了从中央到地方的高度统一。

 ## 重"典"明"礼"治国

明王朝建立后,以开国皇帝朱元璋为代表的最高统治集团,在总结历史经验,特别是在吸取元朝亡国的历史教训中,形成了一套具有封建社会后期时代特点的立法思想,"明刑弼教"和"重典治国"原则就是其重要内容之一。

1."重典"治国

明朝开国皇帝朱元璋起自民间,亲眼目睹了元朝政治腐败、法度废弛以致亡国的整个过程,因此,当明朝建立以后,他认为自己所处的时代是一个"乱世",当以"重典"治之,并且进一步总结"重典治国"的内涵,包括重典治吏和重典治民,通过重典治吏和治民实现重典治国。

朱元璋深知治吏在治国中的重要性,因此,他在治吏上坚持"故今严法禁,但遇官吏蠹害吾民者,罪之不恕"。洪武年间,朱元璋屡兴大狱惩治贪官污吏,其凌厉作风无人能及。

推行重典治吏的同时,朱元璋也强调重典治民。亲历了反元政治风暴的朱元璋深知农民阶级反抗封建统治的巨大威力,因此,为了巩固新政权,他强调对于不服从治理的顽民要以严刑酷罚加以惩治,以达到"民畏而不犯"的目的。

明初统治阶级推行"重典治国"的主张,对于改良吏治、安定社会,在一定程度上起到过积极的作用,"一时守令畏法,洁己爱民,以当上指，吏治涣然丕变矣。下逮仁、宣，抚循休息，民人安乐，吏治澄清者百余年"。但是，"重典治国"所带来的消极影响，造成法制的畸形发展也是不能低估的。

其一，"重典治吏"不能从根本上解决吏治腐败问题，正如朱元璋自己所说的那样："我欲除贪赃官吏，奈何朝杀而暮犯。"不仅如此，"重典治吏"的政策相当程度上造成了统治阶级内部的混乱，影响了国家机器的正常运转。

其二，重典治世思想的推行，把中国封建社会刑罚由轻（唐代）入重（宋代）推向极致，逐渐形成封建社会后期的苛刑峻罚形态。明代君主极端专权、特务恣意横行，不能不说是这一思想影响的结果。其重典治世的结果，不仅不能"警省愚顽"，反而激起"顽民不服"，使"商贾不安于途，庶民不安于业"，农民奋起反抗朝廷的起义连绵不断。

2. 礼法结合

朱元璋虽然重视"重典治国"的重要性，但他毕竟是封建正统法律思想的继承者，同样深知礼在治理国家中的重要作用。因此，早在建国之初，朱元璋就明确地说："礼法，国之纪纲。礼法立，则人志定，上下安。建国之初，此为先务。"治国重礼、礼法结合也是朱元璋一以贯之的立法指导思想。

建文帝朱允炆继位后，继承了先帝朱元璋的"明礼导民"的思想，明初无论是太祖朱元璋，还是建文帝朱允炆都是礼法两手并用，因此，《明史·刑法志二》曰："盖太祖用重典以惩一时，而酌中制以垂后世，故猛烈之诏，宽仁之治，相辅而行，未尝偏废也。建文继体守文，专欲以仁义化民。"

最高中央机构："六部"

在明代，六部之职权仍沿唐宋而未变。兹据《明史》卷七十二《职官一》记载分述如下：

1. 吏部

吏部是六部中最重要的一个部，"视五部为特重"，具有"赞天子之治"的特殊地位。吏部也叫铨曹或铨部，总管官吏选任、升降及调动等人事管理。设尚书一人，正二品。左右侍郎各一人，正三品。其属司务厅司务二人，从九品。文选、验封、稽勋、考工四清吏司，各郎中一人，正五品，员外郎一人，从五品，主事一人，正六品，以及其他属官。尚书掌天下官吏选授、封勋、考课之政令，以甄别人才，赞天子治。吏部选人关系到国家治理的好坏，故吏部尚书的品秩虽与其他各部尚书一样，然而其地位是："表率百僚，进退庶官，铨衡重地，其礼数殊异，无与并者。"

2. 户部

户部也叫计部。设尚书一人，正二品，左右侍郎各一人，正三品。其属，司务厅司务二人，从九品。由于户部是掌国家经济命脉之司，司务繁重且杂，故下设十三清吏司，计浙江、江西、湖广、陕西、广东、山东、福建、河南、山西、四川、广西、贵州、云南十三清吏司，各设郎中一人，正五品，员外郎一人，从五品，以及其他属官。尚书掌天下户口、田赋之政令。侍郎贰之。稽版籍、岁会、赋役实征之数，以下所司。每司各管一省之事，兼领所分两京直隶贡赋及诸司卫所俸饷、边镇粮饷和仓场、盐课、钞差等。如山东司带管盐课，贵州司带管钞关等。

3. 礼部

礼部，也叫祠部、礼曹，掌管礼乐教化。设尚书一人，正二品，左右侍郎各一人，正三品。其属，司务厅司务二人，从九品。及仪制、祠祭、主客、精膳四司，各司设郎中一人，正五品，员外郎一人，从五品，以及其他属官。

4. 兵部

兵部是以武装力量保卫封建国家政权的机构，故其地位在六部中仅次于吏部，也叫枢部、枢曹。设尚书一人，正二品，左、右侍郎各一人，正三品。其属，司务厅司务二人，从九品。及武选、职方、车驾、武库四司，各司设郎中一人，正五品。员外郎一人，从五品，以及其他属官。

5. 刑部

刑部也叫比部、刑曹。掌管刑名，设尚书一人，正二品，左、右侍郎各一人，正三品。其属，司务厅司务二人，从九品。十三清吏司，各设郎中一人，正五品，员外郎一人，从五品，以及其他属官。刑部也与户部一样，因讼事繁重，也设十三清吏司，每司设郎中一人，正五品，员外郎一人，从五品。分掌各省刑名及兼领所分京府、直隶之刑名。刑部在处理案件时，其职权有时受到大理寺、都察院的制约。

6. 工部

工部也叫工曹、冬曹。掌土木营建及天下百工、山泽之政务。设尚书一人，正二品，左、右侍郎各一人，正五品。其属，司务厅司务二人，从九品。及营缮、虞衡、都水、屯田四司，各设郎中一人，正五品，员外郎一人，从五品。以及其他属官。工部在六部中，地位较低。

六部直属皇帝，从而便于皇帝控制，加强了中央集权制。但是，就六部

的体制而言，已经打破了唐宋以来的"六部二十四司"制，而是根据实际需要分司办事，这样，更有利于加强中央集权和提高行政效率。

知识链接

宗人府

洪武三年（1370年）置大宗正院，二十二年改为宗人府，设宗人令一人，左、右宗正各一人，左、右宗人各一人，并正一品。明初，皆以亲王领其事，如秦王樉为宗人令，晋王㭎、燕王棣为左、右宗正，周王橚、楚王桢为左、右宗人。令、正与宗人"掌皇九族之属籍，以时修其玉牒，书宗室子女嫡庶、名封、嗣袭、生卒、婚嫁、谥葬之事"。其属经历司，经历一人，正五品，"典出纳文稿"。后来，多以勋戚大臣摄领府事，很多职权移归礼部。但宗人府之令、正品秩一直很高。

 丞相制度的终结

明初的中央中枢机构沿元制，设中书省，有左右丞相，综理政务，下辖六部，权力很大。这对权力欲极强的朱元璋来说是很大的威胁，他把秦汉、唐宋、元之各朝的覆亡，归咎于丞相"擅专威福"，权力过大，说，秦"设相之后，臣张君之威福，乱自秦起。宰相权重，指鹿为马。自秦以下，人人君天下者，皆不鉴秦设相之患，相从而命之，往往病及于国君者，其故在擅专威福"。洪武十年（1377年），朱元璋命李善长、李文忠

"总中书省、大都督府、御史台，同议军国重事"，这是借元勋重臣来压制中书省权力的一种措施。第二年他又下诏"天下臣民凡言事者实封直达朕前"，这些做法无非是想架空中书省。洪武十三年（1380年），朱元璋终于借口左丞相胡惟庸独断专横，以"生杀黜陟不奏径行"的擅权枉法罪名，将其处死，并乘机废除了中书省制度，亲自接管六部，罢去丞相官职。

胡案以后，朱元璋发布《废丞相、大夫，罢中书诏》，罢中书省，不置丞相，升六部尚书秩正二品，直接归皇帝领导，对明初政府体制做了重大改革。对此，他在《祖训》中说："自古三公论道，六卿分职，并不曾立丞相。自秦始皇置丞相，不旋踵而已亡。汉、唐、宋因之，虽有贤相，然其间所用者多有小人专权乱政。今我朝罢丞相，设五府、六部、都察院、通政司、大理寺等衙门，分理天下庶务，彼此颉颃，不敢相压，事皆朝廷总之，所以稳当。以后嗣君并不许立丞相，臣下敢有奏请设立者，文武群臣即时劾奏，处以重刑。"

朱元璋上述一段话勾画了明代政体的基本格局，主要是：永远废丞相制；提高六部地位，直接向皇帝负责，此所谓"六卿分职"；各机构相互牵制，即"彼此颉颃"；全国一切行政事务都由皇帝处理，即所谓"事皆朝廷总之"。废中书省后，皇权固然大为扩张，然而全国政务均由皇帝亲自处理，这对精力过人的朱元璋来说也是难以承受的负担。据统计，洪武十七年（1384年）九月十四日至二十一日的八天内，内外诸司呈送皇帝的奏章，达一千六百六十六件，涉及三千三百九十一件事，平均每天要处理二百余件奏章。他曾对臣下说："朕自即位以来，尝以勤励自勉，未旦即临朝，晡时而后还宫，夜卧不能安席。"为解决这一矛盾，洪武十五年（1382年），仿宋制设华盖殿、武英殿、文华殿、文渊阁、东阁诸大学士，作为皇帝的秘书机构，协助皇帝处理公文章奏。

殿阁大学士是协助皇帝阅看奏章，处理文书，并根据皇帝意图草拟诏谕的机要秘书班子。入大学士者大多为年轻有为而品秩不高的翰林，他们备皇帝顾问，但"不得平章国事"。明成祖朱棣迁都北京后，命翰林院侍读、编修、检讨等文学侍从官员入值文渊阁，在皇帝授意下参与机务，批答奏章，从而确立了明朝通行二百多年的内阁制度。明代中后期形成的内阁议政制，是国家政务活动的重要组成部分。若遇重大政务，内阁会议不能决，则由"阁臣与各衙会议大政"，参加者除阁臣外，有行政六部、通政司、监察系统的都察院和大理寺的长官，及六科给事中，称之为廷议，其结果由内阁上奏皇帝裁定。内阁大学士以票拟形式参与决策程序，又能在殿阁与皇帝一起商讨军国大事，于是形成了新的决策机制，这是从唐代政事堂议政制以来最高决策形式和机制的明显变化。

南京明故宫遗址公园

然而，明宪宗以后的明代皇帝大多沉湎于酒色或迷恋于炼丹求仙，懒于上朝。宪宗在位二十三年，仅召见大臣一次，武宗在位十六年，从未召见过群臣，世宗、神宗在位四十余年中，有二十余年不理朝政。这些行为完全违背了太祖欲牢牢控制政局的初衷，其后果是阁臣权重和宦官专权成为明中叶后的政治特点。世宗嘉靖中叶以后，首辅地位加强，张璁、夏言、严嵩、徐阶、张居正等人都以首辅身份长期控制朝政，形成政归内阁的局面。而真正控制政局的还有内阁大学士与皇帝的联系人——宦官。明代宦官有庞大的机构——内侍省，下有十二监、四司、八局，所谓"二十四衙门"。其中司礼监权力最大，设掌印太监一人，管理内外奏章，秉笔太监若干人，管理皇帝的朱批（称为"批红"，是宦官后来专权的基础），提督太监一人，管理皇城内外的礼仪刑名，以及大小官吏。宣德以后，司礼监地位不断上升，实权开始越于任何中央机构之上，甚至可以代替皇帝批阅奏章，连内阁的"票拟"也必须取决于内监的"批红"。英宗时的王振、宪宗时的汪直、武宗时的刘瑾以及熹宗时的魏忠贤，都是权势显赫的宦官。对于明代这种腐朽乖张的行政管理体制，一种观点认为是由于明朝废宰相设内阁，致使宦官擅权。黄宗羲在《明夷待访录》中对此有精辟的评述："有明之无善治，自高皇帝罢丞相始也……或谓后之入阁办事，无宰相之名，宰相之实也。曰：不然。入阁办事者，职在批答，犹开府之书记也，其事既轻，而批答之意，又必自内授之而后拟之，可谓有其实乎！吾以为有宰相之实者，今之宫奴也……生杀予夺出自宰相者，次第而尽归焉……故使宫奴有宰相之实者，则罢丞相之过也。"

中国历史上实行一千多年的宰相制度，至此宣告结束，而由皇帝直接管理国家政事，这是中国古代社会行政管理制度上的重大变革，也是君权与相权矛盾发展的结果。中国自秦汉建立丞相制以来至明初，宰相制度大致发生过四次重大变化：一为秦汉的丞相制，二为隋唐时的三省合议制，三为宋元的中书一省制，四为明太祖、成祖后实行的皇权控制下的内阁制。表面上看，历代相权的演变，表现为宰相人数的增减及其权力的相对集中或相对分散，其实质是统治者根据当时统治的需要和统治集团内部矛盾的变化，不断调节皇权与相权，以加强控制相权的结果。

皇帝的贴身"秘书":内阁

皇帝亲自领导六部,事务非常繁忙,因此到明成祖时,就从翰林院翰林学士中挑选一些亲信来帮助自己处理政务。因为这些人在宫内中极殿、建极殿、文华殿、武英殿和文渊阁、东阁内办公,所以叫"殿阁大学士",又因为在宫廷之内,所以又叫"内阁大学士"。他们办事的机构就叫"内阁"。

内阁制度确立之后,内阁大学士便奉命处理诸如征调或减免赋税,参加审判刑狱以及处理有关人事、军政等重要国政,掌握了票拟权。

所谓票拟,也叫作票旨、条旨。对于来自全国各方面的奏章,在呈递皇帝批示以前,由内阁大学士"用小票墨书,贴各疏面以进"。这实际上就是"票拟批答",代拟好"御批"的稿本供皇帝采纳。在君主专制政体下,这样掌握代替皇帝起草批示意见的职权,其重要意义是可想而知的。所谓"代言之司",所代表的乃是具有绝对权威的"皇言"。"各衙门章奏留送阁下票旨,事权所在,其势不得不重"。随着权势的加重,内阁大学士中也顺序划分为首辅、次辅、群辅,而首辅"俨然汉、唐宰辅,特不居丞相名耳"。虽然是这样说,但内阁与汉唐辅政制度仍有本质上的区别。

首先,内阁是奉旨办事,只有得到皇帝的批示后才能办理。当时"人尝谓辅臣拟旨,几于擅国柄,乃大不然"。实际上,皇帝对辅臣所拟谕旨有全权的批改权力,明世宗朱厚熜在位时,对于所委用的大学士多持戒备之心,为表示自己大权独揽，故在辅臣拟旨以后，"帝一一省览审定，有不留数字者。虽全当帝心，亦必更易数字示明断。有不符意，则驳使再拟，再不符意，则谯让随之矣，故阁臣无不惴惴惧者"。当时，内阁大学士们只有听命拟旨，没有建议决定权。在汉唐时期，宰相对皇帝的旨意有封驳权，如果皇帝发布的谕旨有违祖制，宰相除谏诤之外，还可以拒绝发布。封驳皇帝的谕旨，在明清两代是绝不可能的。

其次，内阁只是拟旨，不能直接指挥中央和地方各级政府，而中央和地方各级政府也没有向内阁汇报政务的义务，而汉唐的中央和地方各级政府上报事务的副本都要交宰相处存查。这种不能直接插手中央和地方各级政府的事务，乃是宰相听命拟旨辅政制不同于前三种辅政制的最明显的特征之一。

内阁作为皇帝的贴身秘书和助手，对当时的政治曾有一定的影响，但在宣德（1426—1435年）以后，大多数皇帝躲进深宫，与内阁大学士们商讨政务的情况越来越少，渐渐地与内阁疏远起来，后来甚至出现内阁大学士多年见不到皇帝的现象，他们已经不再是贴身秘书，实际地位和权势便向两个极端方向发展，一部分首席大学士（俗称首辅），例如嘉靖时期的严嵩窥测皇帝意图，掌握过较大的权柄，又如隆庆时期的高拱、张居正借皇帝懒怠、不问朝政的空隙，控制内阁以推进改革；万历初期，张居正以师相之尊，内恃万历母亲李太后的信任，外因皇帝幼小，竟然独擅大权达十年之久，开拓出大改革的壮阔局面。但另一极端是，不少内阁大学士在未能时聆皇言的情况下，不敢有为，但知保官守禄，尸位素餐，坐视朝政紊乱，国势颓危，而无所作为。宦官势力因而崛起。

皇帝不见内阁成员，而内阁又不能代替皇帝统治帝国，皇帝又不能没有贴身秘书，在这种情况下，明朝皇帝们选中在深宫陪伴他们的太监来充当贴身秘书，这就是宦官组织中的司礼监秉笔太监。

明朝一切权力都归皇帝，各级官僚机构事无大小都要向皇帝报告，按照事务性质的不同，使用"题本"或"奏本"上报，得到皇帝的批复后才能照圣旨执行。从理论上，皇帝应该阅读所有的题奏，亲自作出批示，但皇帝一人确实难以胜任，故要由皇帝直接指挥的秘书分担一部分事务。内阁建立之后，送入宫中的题奏一般发送内阁，由内阁大学士阅览后，用墨笔在纸条上拟旨，贴在题奏封面上交皇帝审定，皇帝在所拟旨上用朱笔批改，便具有法律效力。在内阁被信任和重用的情况下，皇帝很少改动内阁的票拟，故内阁被认为有很大的权力。内阁的票拟不经皇帝批朱，实际上只是一种建议，真正的决定权还是掌握在皇帝的手中。问题在于，不是所有的皇帝都能信任内阁并全部阅览内阁的票拟，这样，皇帝身边的司礼监秉笔太监就分担一部分事务。司礼监秉笔太监的职责是"掌章奏文书，照阁票批朱"，也就是说，可以代替皇帝执笔批示文件。司礼监因为掌握了批朱权，"内阁之拟票，不得不决于内监之批红，而相权转归之寺人。于是朝廷之纪纲，贤士大夫之进退，悉颠倒于其手"。中枢政务实际成为内阁和司礼监双轨辅政制，而司礼监的实权却往往高于内阁。

无论是内阁，还是司礼监，都是作为皇帝的辅助，他们在政治上的作用，都取决于皇帝。如果皇帝信任内阁，内阁首辅的权力就偏重；皇帝信任太监，司礼监秉笔便权势熏灼；要是皇帝刚愎自用，内阁和司礼监也只有承命而已。

 疏而不漏的"监察网络"

明代的监察体系十分完备，纵横交错，互相监督，彼此制衡。在中央设有最高检察机构"都察院"统领整个检察体系。但地方又设有十三道监察御史，既有对上监督的权力，更有对下监察的权力，使明朝的治贪力度十分强大。

1. "都察院"

中国古代社会至明代已进入中晚期，随着君主专制集权制的强化，行政监察体制已臻于完善、严密。唐宋以来的御史台及谏官体制，被以都察院、科道制及特务监督的厂卫制为主要内容的监察制度所代替。

都察院是专门负责维持国家机关以及官吏纲纪的监察机关，在行政建制上，把原来属于御史台的监察御史归入都察院。都察院是为适应君主专制政体需要而改置的，无论在组织上、职权上，都较前代监察机关有重大变化。都察院作为明代中央最高监察机关。明代初年，沿元旧制，设御史台，洪武十三年（公元1380年）五月罢御史台。十五年改置都察院。这个机构为明代所创设，与前代御史台之制不甚相同。都察院的官吏大致可分为三大类。第一类为左、右都御史，正二品，副职为左、右副都御史，正三品，及左、右佥都御史，正四品。这类官吏是都察院的高级官员，即主管官员，一般在本院中任事，谓之坐院官。第二类为经历、都事、司务、照磨、司狱，这类官吏是坐院官直属办事机构中的官员，参与院务工作。第三类

013

为监察御史，是都察院直接行使监察职能的专职监察官。他们组织上虽隶属都察院，但有较强的独立性，可以不受都察院的管治而独立行事，有事可直接向上单独进奏。监察御史与都御史同为皇帝耳目官员，比肩事主，可以互相监察，其监察对象既有中央官员，也有地方"藩服大臣"，是比较特殊的监察官。

都御史主管全国监察事务，职权较为广泛。《明史·职官志》载："都御史职专纠劾百官，辨明冤枉，提督各道，为天子耳目风纪之司。凡大臣奸邪，小人构党，作威福乱政者，劾。凡百官猥茸贪冒坏官纪者，劾。凡学术不正，上书陈言变乱成宪，希进用者，劾。遇朝觐、考察，同吏部司贤否陟黜。大狱重囚会鞫于外朝，偕刑部、大理寺谳平之。"都御史除了监察有关结党营私、擅权乱政、以权谋私等违法行为外，在思想文化领域也加强了监控，"凡学术不正，上书陈言变乱成宪者，劾"，这是中央集权强化的表现，为过去所少见。明都察院拥有司法权，凡遇重囚大案，必须有刑部、大理寺和都察院共同会审，谓之大三法司会审。若遇特别重大的案件，则由三法司与吏、户、礼、兵、工各部尚书及通政使共同审理，称为"圆市"，即"九卿会审"。可见，明代都御史已有相当的司法权和司法监察权。

2. 十三道监察御史

为了加强对地方的控制，明代都察院按当时全国十三省行政区划，设十三道监察区（明末增为十五道），负责各道监察的官员为监察御史，正七品。其中浙江、江西、河南、山东各十员，福建、广东、广西、四川、贵州各七员，陕西、湖广、山西八员，云南十一员，共一百一十员。

十三道监察御史的职责分为两方面：在京时主察纠内外百司之官邪，或露章面劾，或封章奏劾，即监察百官，纠劾一切违纪违制的官员；出巡时则代天子巡狩，监察地方官员，即"所按藩服大臣，府州县官诸考察，举劾尤专，大事奏裁，小事立断"。监察御史虽是七品小官，但权力较大，他们巡察辖道，考察官吏，成为代天子巡狩的巡按。巡按到地方后不仅可对省级以下的所有地方官进行监察，而且可监察身为布政使和按察使的"藩服大臣"。布政使为一省最高行政长官，从二品，按察使为省最高司法、监察官，正三品。一个七品巡按御史却能对从二品和正三品的封疆大吏进行监察，这也是统治者运用位卑权重的原则，以小制大、以下监上的统治术。

十三道监察御史在组织形式上受都察院的节制。监察御史的出任由吏部会同都察院审核；监察御史的出巡由都察院"引御史二员，御前点差一员"，出巡回京后，须向都察院述职；监察御史的复任、升黜均由都察院通过考察，提出具体方案，呈请皇帝裁决。

但监察御史在发挥其实际职能时却又不受都察院的控制。监察御史在京纠察百官时，有露章面劾和封章奏劾两种方法；在外代天子巡狩，也有大事奏裁和小事立断两种方法。所经办的事情不必经过都察院审批。

明朝都御史与监察御史之间这种权力关系的处理方式，是在吸收了汉唐以来许多相关经验的基础上形成的一种统治技巧。它一方面维护了二者之间的隶属关系，使御史的工作能得到检查与督促；另一方面，又考虑到御史所负使命的特殊性，使御史在纠邪举弊中能免受过多的干预和限制，更好地发挥举奸揭恶、整饬吏治的作用。

能监察辅政的"六科给事中"

朱元璋废中书省，提高六部地位后，为了加强对这些机构的监督，专设"六科给事中"——礼、户、吏、兵、刑、工，设都给事中一人（正七品）、左右都给事中各一人（从七品）、给事中若干人（从七品），稽察六部百司之事，旨在加强皇帝对六部的控制。如果说，都察院的御史着重监察全国官吏和一般机关，那么六科则是对六部的业务进行对口监察，六科给事中独立一署，直接就六部事务向皇帝上奏。同时，给事中的委任权属于皇帝，而不是吏部。这就保证了其在行使权力时不受干扰，而具有权威。

六科给事中与各道监察御史合称科道。科道官虽然官秩不高，但权力很大，活动范围极广。其职责是侍从皇帝左右，凡六部的上奏均须交给事中审查，若有不妥，即行驳回；皇帝交给六部的任务也由给事中监督按期完成；对于各地臣僚的奏章，要分门别类进行整理，然后呈给皇帝批阅；对官吏的陟黜任免有相当大的参议权，如果吏部选用官员，需要在保单上和吏科给事中共同署名，否则皇帝不予批准。大小官员赴任，也要先到吏科签到辞行，得到吏科同意后，方能动身赴任。

六科给事中也可以监督科举考试，可以巡视地方；六科给事中轮值时握有一定的案件终审权，拥有很大的司法权。同时明朝也很关注给事中的考核，作为七品小官，其升降都要由皇帝来决定。同时还规定，对监察官犯罪的处分比一般官吏要重，"凡御史犯罪加三等，有赃从重论"。

六科给事中掌侍从规劝，补阙拾遗，稽察六部百司之事。凡六部奏请皇帝施行之事，须先经给事中审查，大事复奏，小事署而颁之，有不当则驳回。凡内外所上章疏下，分配抄出，参署付部，并驳正其违误。六科给事中的设置，对于地位和职权都已提高了的六部，起着钳制的作用，同时也分化了都察院的监察大权。

都察院和六科给事中两者之间虽有一定分工，但并不是绝对的，他们共同为加强君主专制服务。给事中同御史之间，也可以互相纠举，以便于皇帝操纵。

知识链接

"三司"制度

洪武九年（1376年），明废行中书省，建立新的地方行政系统——"三司"，即承宣布政使司、提刑按察使司和都指挥使司。"三司"互不相统，各自属中央各院部。这样，原来由行中书省长官总揽的大权，分散为行政、司法、军事三个方面。"三司"互相牵制，凡遇重大政事，由"三司"会议，上报中央各院部。在一些边远及少数民族地区，则单设都指挥使司，实行军民合一的统治。

细说明朝————一本书读懂明代文明

 明代的"八府巡按"

为了适应君主政权的需要，加强对地方的控制，明朝建立了御史出使巡按地方的制度。凡御史代表皇帝出使地方，叫"巡按御史"，又叫"巡方御史"，俗称"八府巡按"，专门负责监察，一般不理其他事务，权力极大。

宣德十年（1435年），依当时十三省行政区划分为十三道，设十三道监察御史一百一十人，计浙江、江西、河南、山东各十人，福建、广东、广西、四川、贵州各七人，陕西、湖广、山西各八人，云南十一人。他们分别掌管地方监察工作。《明史》卷七十三《职官二》记载："十三道监察御史，主察纠内外百司之官邪，或露章面劾，或封章奏劾。在内，两京刷卷，巡视京营，监临乡、会试及武举，巡视光禄，巡视仓场，巡视内库、皇城、五城，轮值登闻鼓。在外巡按，清军，提督学校，巡盐，茶马，巡漕，巡关……"。可见，地方各项政务无不为其所巡按。这一制度，对皇帝了解地方情况，监督地方行政，无疑具有很大作用。

《明史·卷七十三职官二》称："巡按则代天子巡狩，所按藩服大臣、府州县官诸考察，举劾尤专，大事奏裁，小事立断。"巡按御史与地方各省长官地位平列，威福尤过之，甚至知府、知县谒见时，要行跪拜礼。他们一般资历较浅，品位不算高，但很受皇帝重视。

明代每当地方上发生较大事故，则派较高级的都御史带衔出巡，不仅行使监察权，有时也被皇帝特命兼管其他事务。兼管行政、民政的叫"巡抚"；兼管军事的叫"提督"；有的行政、民政、军事都兼管的叫"总督"。开始仅是临时派遣，后来随着阶级斗争不断加剧，为了加强对人民的镇压和防止边患，于是固定设在内地或边疆地区。如宣宗时，以江南地广，且又重要，专设巡抚；宪宗时，又专设两广总督。总督和巡抚的职权，比一般巡按御史更大，甚至有"便宜从事"之权，即有不报告皇帝自行决定重大问题之权。但终明之世，总督和巡抚在组织上隶属于都察院，不算正式的地方大员。

明朝官场礼仪

为防止御史擅权营私，并维护封建法制，法律规定："凡御史犯罪加三等，有赃从重论。"同时规定："诸御史纠劾，务明著实迹，开写年月，毋虚文泛诋，讦拾细琐。""若挟私搜求细事，及纠言不实者抵罪。"这样，多少也能防范唐代御史"风闻言事"的弊病。

总之，明朝御史主要纠察百官，向上言事，权势极重，时人曾有言，"我太祖皇帝,稽古定制，改代御史大夫、中丞为都御史，台为察院，是以察而统公署之号也。以监察御史分设十三道，革去侍御史、殿中侍（御史）诸名衔，而纠劾、巡按、照刷、问拟之任一切责之监察……官吏之贤否，察之得为之扬激；兵民之利病，察之得为之兴除；风俗之美恶，察之得为之移易；刑赏之轻重，察之得为之劝阻。变故之隐伏察之。狱讼之冤抑，察之得为之消弭清雪。察事之中又皆得言事焉"。御史在维护君主集权、肃清吏治方面，特别是在明朝前期，曾起到很重要的作用。

知识链接：

明代户籍制度——"户帖制"

明朝实行"户帖制"。户帖，即户口册。明代户籍制度，沿袭元制，军、民、驿、灶、医、卜、工、乐等户别。不得随意更改户帖上登记的姓名、性别、年龄、产业、居址。户帖制，推行于洪武三年（1370年），作为核实户口、征调赋役的根据。因为脱户漏口以及增减年状，将会影响赋役之征调和社会治安。又由于户等不同，如军户不能改为民户，军户是世代为兵，父死子继，以保证卫所之兵源。工乐户是贱民，也不能随便改动版籍，故《明律》对脱漏户口以及私自随意变乱户帖者，惩罚极严。

 ## 财政管理机构："十三清吏司"

明清在高度集权的情况下，加强和统一了财政，以户部为主管全国的财政，举凡财政预算、收支以及户口、田土、税收、运输、钱钞、保管的事宜，无不毕集该部，地方的财政也在其监督管辖范围。

明代的户部下辖十三清吏司（浙江、江西、湖广、陕西、广东、山东、福建、河南、山西、四川、广西、贵州、云南），清代增至十四司（多江南，主管江苏、安徽，实际上是替代明代南京户部之职），分别监核各该管地区的财政并分理本部各项财政，其大体分工如下：

浙江司：带管在京羽林右、留守左、龙虎、应天、龙骧、义勇右、康陵七卫、神机营。

江西司：带管在京旗手、金吾前、金吾后、金吾左、济阳五卫。

湖广司：带管国子监、教坊司，在京羽林前、通州、和阳、豹韬、永陵、昭陵六卫，及兴都留守司。

福建司：带管顺天府，在京燕山左、武骧左、武骧右、骁骑右、虎贲右、留守后、武成中、茂陵八卫，五军、巡捕、勇士、四卫各营，及北直隶永平、保定、河间、真定、顺德、广平、大名七府，延庆、保安二州，大宁都司、万全都司，并北直隶所辖各卫所，山口、永盈、通济各仓。

山东司：带管在京锦衣、大宁中、大宁前三卫及辽东都司，两淮、两浙、长芦、河东、山东、福建各盐运司，四川、广东、海北、云南黑盐井、白盐井、安宁、五井各盐课提举司，陕西灵州盐课司，江西南赣盐税。

山西司：带管在京燕山前、镇南、兴武、永清左、永清右五卫，及宣府、大同、山西各镇。

河南司：带管在京府前军、燕山右、大兴左、裕陵四卫。牧马千户所及直隶潼关卫、蒲州千户所。

陕西司：带管宗人府、五军都督府、六部、都察院、通政司、大理寺、詹事府、翰林院、太仆寺、鸿胪寺、尚宝司、六科、中书舍人、行人司、钦天监、太医院、五城兵马司、京卫武学、文思院、皮作局，在京留守右、长陵、献陵、景陵四卫，神枢、随侍二营，及延绥、宁夏、甘肃、周原各镇。

四川司：带管在京府军后、金吾右、腾骧左、腾骧右、武德、神策、忠义后、武功中、武功左、武功右、彭城十一卫及应天府，南京四十九卫，南直隶安庆、苏州、松江、常州、镇江、徽州、宁国、池洲、太平、庐州、凤阳、淮安、扬州十三府，徐、滁、和、广德四州，中都留守司并南直隶所辖各卫所。

广东司：带管在京羽林左、留守中、鹰扬、神武左、义勇前、义勇后六

卫，蕃牧、奠靖二千户所。

广西司：带管太常寺、光禄寺、神乐观、牺牲所、司牲司、太仓银库、内府十库，在京沈阳左、沈阳右、留守前、宽河、蔚州左五卫，及二十三马房仓，各象房、牛房仓，京府各草场。

云南司：带管在京府军、府军左、府军右、虎贲左、忠义右、忠义前、泰陵七卫，及大军仓、皇城四门仓，并在外临清、德州、徐州、淮安、天津各仓。

贵州司：带管上林苑监，宝钞提举司、都税司，正阳门、张家湾各宣课司，德胜门、安定门各税课司，崇文门分司，在京济州、会州、富峪三卫，及蓟州、永平、密云、昌平、易州各镇，临清、许墅、九江、淮安、北新、扬州、河西务各钞关。

明清的户部各有库、仓，以及钱钞等司局，实际上是融财务、存储、出纳为一体，使财政得以集中管理。

不过，明代的二十四衙门和清代的内务府的财政是独立的，这些部门作为特殊部门，其收入、支出和账目都不必经过户部。

明代最高学府：国子监

明初统治者很重视教育，把办学校教化万民视为巩固其封建统治的重要手段。明代中央官学初名国子学，后更名国子监。

洪武年间，虽然科举已开，但太祖用人，重在启用国子监监生与荐举两途,尤其是多次派遣太学生参与政事,影响极大。如建国之初,鉴于北方丧乱之余,人鲜知学,遂遣国子生366人分教各郡。洪武十六年(1383年),命给事中及国子生、各卫舍人分行天下,清理军籍。洪武十九年(1386年),又命国子祭酒、司业择监生千余人送吏部,除授知州县等职。洪武二十四年(1391年),令监生清查全国户籍,且选监生有练达政体者639人,命行御史事,稽核天下百司案牍,这便是明代国子监的"监生历事"制度,即选拔国子监生到京都各衙门历练政事。历事生白天在各司练习政务,晚上回监读书休息,将读书学习和做官实践结合起来。历事三月进行考核,上等的送吏部候选仍令历事,遇缺官即挨次任用;中等的历一年再考,或"不拘品级,随才任用";下等的回监读书。这样既可补明初官吏之不足,又可使监生接触实际,获得从政的实际经验。历事生经考核受到重用,高的有做三品大官的,低的也做知州、知县。《明史》中说:"太祖虽间行科举,而监生与荐举人才参用者居多,故其时布列中外者,太学生最盛。"这说明当时官学(主要是国子监)的地位高过科举,因而大大促进了明代官学教育的发展,激发了士子入学的积极性。

明代国子监的学生通称监生,按其来源类别,可分为举监、贡监、荫监、例监等。有了监生的身份在科举考试中就取得一些便利条件,例如可以直接参加乡试而不必先考取秀才。在北京的国子监称北监,在南京的称南监。由于成为监生的途径有多种,所以监生不一定都是秀才,他们也不一定到国子监去读书,只要具备监生资格,即便不是秀才也可以去应考乡试。

在国子监的学生中,举监是身份地位最高的一种。举人入监学习,始于明成祖永乐年间,当时规定会试下第举人,由翰林院选录其中优秀者"入学以候后科",并给予教谕之俸。宣德八年(1433年),选副榜举人送监进学。据《南雍志》载,天顺八年(1464年)前,举监人数仅15—40人,

而景泰五年至成化十五年（1454—1479年）之间，举监人数通常可达100—250名。最多的是成化五年（1469年），举监人数达324人。

明代又有贡生，就是贡监。洪武十六年（公元1383年）命天下府、州、县学各岁贡生员一人至京，经考试通过可入国子监学习。

明代国子监分为六堂：正义、崇志、广业三常为初级；修道、诚心二堂为中级；率性堂为高级。实行升留级制度，考核升留级办法，主要有"坐堂""考课""积分"三种。"坐堂"是坐监读书，坐满一定时日，方可升堂；"考课"有月考、季考、科考，以考试成绩为标准；升至率性堂后方可积分。学生入学后，通"四书"未通经者，居初级堂学习，经一年半以上，文理条畅者入中级堂，再过一年半以上，经史兼通、文理俱优者，升率性堂学习。凡率性堂生员可以在积满学分后出堂入仕，其各月考试内容一如科举三场考试："孟月试本经义一道；仲月试论一道，诏、诰、表、内科一道；季月试经、史策一道，判语二条。每试，文理俱优者与一分，理优文劣者与半分，文理纰缪者无分。岁内积至八分者为及格，与出身。"

 明代的"高考"："八股取士"

八股取士，起源于宋，形成于明，并在明、清两代成为科举考试的专门文体之一。明朝规定，从中央到地方的各级官吏都必须由科举考试出身的人担任，科举考试的程序更加严密和完备。明朝科举制，除沿用前朝旧制外，朱元璋等人还有所更改。

其所谓八股之先声，在于其"大义"。"大义"为一短简文章，以其通经而文采斐然为合格。为配合贡举改革，王安石特撰一些经学小论文，每篇不超过500字，作为士子考试经义的答卷标准，即所谓"经义式"。

所谓"经义"，一经定制，即在科举制中造成了一种新的文体。但当时这种文体，尚不至僵化而束缚士子思想，仍属于散体、阐明经义的议论体。后世康有为对此有较高的评价。王安石罢相后，其"新法"多被废除，但"经义"试士却因习之日久而形成了惯性，无法一时扼止，故虽复增以诗赋，但亦无废"经义"，形成进士科内诗赋、经义并行之势。熙宁（1068—1077年）以后，把试律诗的破题、颔比等程序，及骈文的对偶句式移植于经义，开始了一种新文体的形成过程。南宋时，出于中央集权制的需要，儒学大受统治者青睐，其经典——朱熹的《四书集注》于绍熙元年（1190年）刊印。其后，科考之"经义"也日渐受"四书"义束缚，文体渐趋程序化。故人称之谓"四书文""程文"。

八股文的真正形成在明朝。朱元璋初定天下，代元而建大明，官员缺少，于洪武三年至五年（1370—1372年）连开三年科举。继而停罢科举十年，直至洪武十五年（1382年）始诏礼部复设科取士，两年后，由礼部将科举之式颁行各省。朱元璋以专断、刚猛治国，既要以天下人才为"朕"所用，又不容丝毫超越其君主专制统治藩篱，因而党祸与文字狱频生。在这种历史状况下，朱元璋虽知八股无用，对公文往来力主"直解"，要求"只令文章平实，勿以虚辞为美也"，但其却将八股取士之制推出，则全然是为了强化其专制统治，让士人阶层在步入仕途之前，先在先贤先圣的忠、孝、节、义思想中渍染透彻，然后唯唯于其统治。基于此，到了明宪宗成化年间（1465—1487年），八股取士之制终成"永式"。

八股文的结构有其特殊的格式，在一篇文章里开头的两句称为破题，就是点破题目的要旨，根据不同的题目，采取不同的破法。破题之后为承

题，承是接的意思，就是把破题中的重要字承接下来。承题之后是起讲，因为八股文要"代圣贤立言"，所以起讲通常用"意味""若曰""以为""且夫"等字开头。明代的起讲仅用三四句，清代一般用十句左右，必须总括全题，涵盖全篇。起讲之后是领题，领题是用一二句或三四句引入文章的本题。领题之后就是文章的主要部分，就是起股、中股、后股、束股四个段落。每段各有两股，故称"八股文"。八股文的最后部分，用一两句结束全篇，题目有下文的称为落下，没有下文的，称为收结。八股文的每一个部分之间，要用固定的虚词"今夫""苟其然""也乎哉"等连接。举子必须严格按照格式作文。同时规定，乡试、会试《五经》义一道，限500字。

《四书》义一道，限300字。试文还要求点句、勾股（标明段落），书法端正，填删涂改的字数在文末以大字标明。文中还要避庙讳、御名、圣讳。试题低两格，试文一律顶格。若不符合这些规定的试卷，一律取消录取资格。这种文体在中国出现并非偶然。

首先，是出于强化思想统治的需要。统治阶级以考试的形式强迫知识分子接受程朱理学，制止异端杂学，以维护统治基础。八股文要求考生在答卷时，必须以四书五经中的词句为准，考生作文章只准按孔孟等圣贤的观点立论，不准标新立异，不准发挥自己的见解，不准联系现实政事，甚至语气也要模仿古人，叫作"代圣人立言"。

其次，也是古典散文形式主义发展的恶果。南宋以后，散文家们开始有意识地讲究文章章法、句法等，评点之学逐渐兴盛，散文写作艺术日渐细密。八股的程序，显然是参考了散文的章法、骈文的排偶和近体诗的格律并加以改造而后提出来的。形式如果为内容服务，并不是不可以讲究；但形式一旦僵化，就会妨碍内容，成为枷锁，八股文正是如此。

最后，八股文的出现是仕途拥挤的必然产物。八股文引导士人循章摘句，挖空心思去模仿古人说话，士人不但没有实用知识，连经学知识也很少，更无独立见解。他们只学八股文，追求科考当官。

 **扩展阅读　秘密"警察"机构："锦衣卫"**

为了监视、侦查、镇压官吏的不法行为，朱元璋先后任用亲信文武官员充当"检校""专主察听在京大小衙门，官吏不公不法及风闻之事，无不奏闻"。他们的影子无处不在，酒肆、青楼、私宅，遍布密探。洪武十五年（1382年）在拱卫司的基础上设立锦衣卫，锦衣卫有指挥使一员（正三品）、同知二员（从三品）、佥事三人（正四品），这是锦衣卫的高级官员，由皇帝的亲信武将担任。锦衣卫下设南北两个镇抚司，其中南司掌管本卫的人事以及对内部人员的法纪整肃，北司专门从事本职任务。南北镇抚司设有镇抚两员（正五品），下设五个卫所，其统领官有千户十四员（正五品）、副千户十四员（从五品），以下还有百户、总旗、小旗，普通军士称为校尉、力士。校尉和力士在执行缉盗拿奸任务时，被称为"缇骑"，其长官称"缇帅"。缇骑的数量，最少时为一千，最多时多达六万之众。嘉靖帝曾一次性裁

明朝锦衣卫画像

撤三万多人。此外还要招募一些流氓无赖充当这些机构的外围组织，人数多达十五六万。锦衣卫官校一般从民间选拔无不良记录的良民担任，之后凭能力和资历逐级升迁。

锦衣卫身穿金黄色的官服，有权力高高在上之意，称为飞鱼服，并佩带绣春刀。其基本职能是"掌侍卫、缉捕、刑狱之事，恒以勋戚都督领之。盗贼奸宄，街涂沟洫，密缉而时省之"。作为职掌侍卫、展列仪仗和随同皇帝出巡的锦衣卫，基本职能与传统的禁卫军相同，至于"密缉而时省之"，则是它的特务职能，四处进行秘密侦查，搜查情报。作为皇帝的私人警察，锦衣卫拥有自己的监狱（诏狱），可以自行逮捕、刑讯、处决，不必经过一般司法机构。

第二章

资本新兴
——华夏经济文明的重要篇章

明代的经济无论是农业、商业还是手工业方面都出现了新的增长趋势。特别是随着郑和下西洋的过程中的对外贸易十分频繁，农业、手工业以及商业繁荣发展，农业巨著《农政全书》也在这一时期问世。

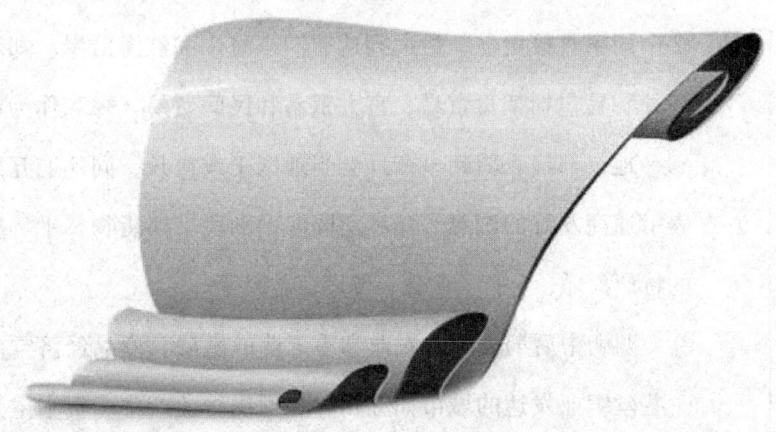

细说明朝——一本书读懂明代文明

 资本主义的萌芽

明初,官僚不准经商,尤其是禁止四品以上的官员经商。虽然有些官僚尤其是东南沿海一带为官者暗中也从事商业活动,但这是不合法的,是不敢公开的。而到了明中叶,官僚经商比较普遍,不论大官、小官,还是文官、武官,就连皇帝、贵族、外戚都抢着做买卖,经营手工业工厂。明中叶后,出现了一些重视商业的政治家、思想家,如徐光启、李贽、许孚远等。在徐光启的思想中,反映了许多保护商人权益的要求;李贽坚持要封建政府减税以"惠商";许孚远坚持反对"海禁",要求进行海外贸易。

1405年7月11日,明成祖命郑和率领庞大的由二百四十多艘海船、二万七千四百名船员组成的船队远航,访问了三十多个在西太平洋和印度洋的国家和地区,加深了中国同东南亚、东非的友好关系。每次都由苏州刘家港出发,一直到1433年,他一共远航了七次。郑和下西洋,与亚非三十多个国家直接贸易,最远到达非洲东海岸和红海沿岸。郑和下西洋发展的海外贸易包括朝贡贸易、官方贸易和民间贸易。郑和作为明朝的使者,每到一地,都代表明朝皇帝拜会当地国王或酋长,同他们互赠礼品,向他们表示通商友好的诚意。郑和还同各国商民交换货物,平等贸易,购回当地的特产象牙、宝石、珍珠、珊瑚、香料等。

明朝中后期,随着农业和手工业的发展,商品经济空前活跃,在江南一些丝织业发达的城市如苏州,在丝织行业产生了资本主义生产关系的萌芽；在对外通商问题上，明初是厉行"海禁"的。到明朝中叶，中央政府内部出现了两种截然不同的主张，斗争相当激烈。以朱纨为中心的一派反对对外通商，由此遭到沿海地主阶级的反对，朱纨一派最后失败。这说明随着商业资本的日益发展，商人的社会地位上升，商人和地主在明政府内部已有了自己的，代表通商利益的官僚、地主在政治上已经形成一种强大的力量。

明朝中期以后，以生产商品为目的的纺织业逐渐兴起，并在江南一些地区发展成为独立的手工工场。如苏州出现以丝织为业的机户，开设机房，雇用机工进行生产。机户和机工之间的雇佣关系是资本主义性质的生产关系。

明朝中后期，在江南的一些生产部门，稀疏地出现了资本主义萌芽。在我国古代，经济远比西欧各国发达，进入封建社会的时期也比这些国家早得多，因此商品经济的发展水平较高。但是我国封建社会持续时间长，商品生产没能按照正常的速度发展到应有的规模。直到明代，我国封建社会才逐渐解体。封建生产关系越来越成为社会生产力发展的严重障碍。封建社会内部滋生了资本主义的萌芽。

资本主义萌芽就是在封建社会内部以剥削雇佣劳动为内容的资本主义生产关系的产生和发展，但它只处于萌芽状态。明末，这种萌芽已在东南某些手工业部门中零星出现，在农业中也有了这种现象。农业中开始有了若干从小商品经营者中分化出来的富农，在封建地主中也出现了经营地主。雇佣劳动在吴江、华亭、湖州、江阴、扬州、嘉兴等地均可见到。

第二章 资本新兴——华夏经济文明的重要篇章

一本书读懂明代文明

引进粮食新品种

明朝时期,由于新作物的引进、推广和原有作物的发展,农业生产的内容更加丰富,同时,由于农业中不同作物和不同部门的此消彼长,农业生产的结构也发生了重大变化。

我国自唐中叶以后稻麦上升为最主要的粮食作物,明朝时,稻麦的这种地位进一步巩固。在南方,稻麦复种进一步普及。随着东北地区的开发,逐步形成新的重要麦产区。

明朝末年,宋应星曾对当时全国的粮食构成作了如下概括:

今天下育民人者,稻居什七,而来、牟、黍、稷居什三。麻菽二者,功用全入蔬饵膏馔之中。……四海之内,燕、秦、晋、豫、齐、鲁诸道,蒸民粒食,小麦居半,而黍、稷、稻、粱仅居半。西极川、云,东至闽、浙、吴、楚腹焉,方长六千里中,种小麦者,二十分而一。

这一概括大体反映了当时的实际,但也正是这时,粮食生产中一场意义深远的变革正在悄悄进行中,这就是玉米、甘薯、马铃薯等高产新作物的引进和推广。它们适应了当时人口激增的形势,为中国人民征服贫瘠山区和高寒地区,扩大适耕范围,缓解粮食问题,作出了巨大贡献。没有它们的推广,明朝时耕地的扩大和单产的提高都会受到极大的限制。

玉米原产美洲，这是多数学者公认的。以前一般认为我国栽培玉米是1492年哥伦布发现新大陆以后传入的。传入路线则有从中亚到我国西北，从印缅到我国西南，从菲律宾到我国西南沿海等几种说法。近人的研究已动摇了上述结论。明隆庆六年（1572）田艺蘅的《留青日札》，一直被认为是我国明确记述玉米最早文献。该书称玉米为"御麦"。谓其"出于西番，旧名番麦，以其曾经进御，故曰御麦"。早期玉米多称"玉麦"，大概是"御麦"的讹变。该书又说元尚食局有重罗面，"恐即今所种之番麦也"。盖因制作玉米面要经多次磨筛，故曰"重罗"。又如，元人贾铭所著《饮食须知》，亦有"玉蜀黍，即番麦，味甘性平"的记载。这样看来，我国14世纪已有玉米。至于玉米来源，更可注意的是"西番"。《明史·西域二》："西番即西羌。种类最多，自陕西历四川、云南西徼外皆是。"在兰茂（1397—1476年）所著《滇南本草》中，有"玉麦须"可以入药的记载，亦比哥伦布发现新大陆早几十年。据调查，我国西南山区和高寒地带有一种土产小玉米，包括糯粒型、爆粒型和有稃型等五大类。我国还有栽培玉米的野生亲缘植物类玉蜀黍和野薏苡的分布。有人推断这些小玉米是当地原生植物，西南高原也是玉米的原产地之一。又有人认为玉米传入的西南路线最值得重视，中国西南、印度东北、尼泊尔、锡金、不丹、喜马拉雅山地可能是亚洲栽培玉米的起源地。因此，玉米起源和如何进入中国内地尚待进一步研究。

不过，明代虽有若干方志有关于玉米的记载，但内地种玉米却很少，以至人们对玉米之为何物不甚了了。《农政全书》没有玉米专条，《本草纲目》虽有记述，但却把玉米图画错了。到了清代，人口激增，粮食紧张，玉米开始受到重视。玉米对土壤、气候条件要求不高，种、管、收藏均省工、方便，又高产耐饥，收获早，没有完全成熟也可食用。这些优点使它被入山垦种的贫民视为宝物，迅速在各地山区推广开来，取代了原来粟谷的地位。

大约17世纪前期，贵州绥阳县知县毋扬祖的《利民条例》中，已谈到山间民只种"秋禾、玉米、粱、稗、菽豆、大麦等物"。18世纪中叶以后，山区种玉米记载甚多。如严如煜《三省边防备览》，谓郧阳"山民所持为饔餐者，总以玉米为主"，镇安、商南、雒南"皆以苞谷（玉米）杂粮为正庄稼"。河南嵩县"近城者以麦粟为主，其山民以玉黍为主"。安徽徽州府棚民"垦种山场""布种苞谷，获利倍徙"。清末吴其浚《植物名实图考》说：玉米"陕、蜀、黔、湘、湖皆曰苞谷，山岷恃以为命"，又说"川陕两湖，凡山田皆种之"。约19世纪中期以后，平川地区开始大量种植玉米。如19世纪后期，关中有"棉花进了关，玉米下了山"的民谚。以后又逐渐从华北扩展到东北，玉米于是发展为全国性重要作物。

甘薯和马铃薯这两种块根作物都原产于美洲。我国原产的块根块茎类粮食作物主要是薯蓣（山药）和芋头，后来都转化为蔬菜了。另一种块根作物也称甘薯或甘藷，属薯蓣科，不晚于汉代已于海南等地栽种，是黎族人民的传统作物。原产美洲的甘薯则属旋花科，又称番薯。明万历年间传入我国，引进路线一是从吕宋（菲律宾）传入福建，一是从越南传入两广。

马铃薯又称洋芋、土豆等，传入我国的途径不止一条。最初大概从南洋传入台湾，台湾在荷兰人占领时期已有马铃薯种植的记载。以后又传入闽、广，故马铃薯又被称为荷兰薯、爪哇薯。晋、陕一带马铃薯，可能是法国和比利时传教士引进的，并传播至西北各地；东北的马铃薯则可能是俄国人带进来的。马铃薯生长期短，适应性强，即使在气候冷凉地区，在新开垦或瘠薄山地，均可种植，成为苦寒山区人民重要的食粮。

我国现今主要粮食作物，依次是水稻、小麦、玉米、高粱、谷子、甘薯和马铃薯，这是长期历史发展的结果，而粮食作物构成的这种格局，明清时期已基本形成了。

农业巨著：《农政全书》

《农政全书》是徐光启数十年心血的结晶，也是一部集中国传统农学之大成的总结性著作，大约完成于1525年至1528年间。他生前虽已编成，但未定稿。现传世的《农政全书》是经后人增删后出版的，大约删去原著的30%，新增20%。全书分60卷，计五十多万字，内容包括农本、田制、农事、水利、农业工具、作物和果树栽培、蚕桑、畜牧养殖、食品加工以及备荒措施等方面。书中引录了大量前人的著作，引书达200多种，并加了许多评语，以便于参考使用。徐光启撰写的内容大约六万多字，虽仅占全书篇幅的八分之一，但都是他亲自试验和观察所获得的可靠资料，有较强的科学性。

徐光启（1562—1633年）字子先，号玄扈，上海人。他自幼聪敏好学，少年时即"章句、帖括、声律、书法均臻佳妙"，并有宏大的志向。曾说过："文宜得气之先，造理之极，方足炳辉千古。"但他仕途多舛，万历九年（1581年）20岁时中秀才，万历二十五年（1597年）36岁时中举人，至万历三十二年（1604年）43岁时方中进士，开始步入仕途。

在科举失意期间，徐光启一面在课馆教书以谋生，一面刻苦求学。不但涉猎古今，而且接触传教士，学习西学。万历三十一年（1603年），他在南京接受洗礼，加入天主教。这期间，他的思想亦发生了变化，认识到当时流行的陆王心学无用于世，走上了经世致用的道路。邹漪《启祯野乘·徐

徐光启像

文定传》中说："（他）尝学声律，工楷隶，及是悉弃去，（专）习天文、兵法、屯、盐、水利诸策，旁及工艺数学，务可施用于世者。"张溥在为《农政全书》所作的序中亦说："公初筮仕入馆职，即身任天下，讲求治道，博极群书，要诸体用。诗赋书法，素所善也。既谓雕虫不足学，悉屏不为。专以神明治历律兵农，穷天人指趣。"于是，他成为一位杰出的科学家，在天文学、历法、数学、农学、火炮制造以及机械方面都有重要的贡献。

进入仕途后，徐光启历任翰林院庶吉士、翰林院检讨、詹事府少詹事兼河南道监察御史，崇祯元年（1628年）他充日讲官，经筵讲官，为天子师，后升任礼部左侍郎、礼部尚书，并于崇祯五年（1632年）以礼部尚书兼东阁大学士入阁，参与机要，成为明朝廷重臣。其后又加授太子少保、太子太保、文渊阁大学士。在公务之余，他一直坚持科学研究。《农政全书》的编纂，即是他的重大科学活动之一。

徐光启出身农家，自小对农事就非常关心。他的家乡地处东南沿海，水灾、风灾频繁，使他对救灾救荒非常关心，亦注意排灌水利的建设。后来，他又在北京、天津和上海等地设置试验田，亲自进行农业技术实验。因此，他对农事非常熟悉，也非常重视，一生关于农学方面的著述甚多，有《甘薯疏》《农遗杂疏》《农书草稿》（又名《北耕录》）《种棉花法》等，并与传教士熊三拔合译《泰西水法》，而《农政全书》则是其农学方面的代表作。

徐光启所处的时代是明朝末期，当时明政权已危机重重。作为重臣的徐光启力图维护明政权，并为此殚精竭虑，发展农业即是他的一项重要主张。因此，他把"农本"放在书首，把"富国必以本业"作为全书的指导思想。其中，"经史典故"引经据典阐明农业是立国之本，"诸家杂论"引述诸子百家的言论来论证农业的重要，并收冯应京《国朝重农考》，用明朝历代皇帝的农业政策和措施，告诫当朝皇帝和官吏重视农业生产和农业生产者。

同时，徐光启提出了用垦荒和开发水利的方法发展北方农业生产的主张。对东南（尤其是太湖）地区的水利、淤淀和湖垦，以及在东南种植、推广棉花生产，他都非常重视。对于备荒和救荒等荒政，他提出"预弭为上，有备为中，赈济为下"的以预防为主的方针。

在农业技术方面，《农政全书》有着很多贡献。徐光启在书中记述了作物与风土的关系，并强调通过人力，可以使过去认为不适宜种植的作物得到推广，破除了作物适宜某地种植与否决定于风土的"唯风土论"认识，发展了中国古代农学的风土论思想。对于提高南方旱作技术，推广甘薯种植，以及蝗灾的发生规律和治蝗方法，书中也都进行了介绍和总结。

丘濬与他的物价管理思想

丘濬（1420—1495年），亦作邱濬、丘浚，字仲琛，号琼台，广东琼州人。年幼即好学。英宗正统九年（1444年）考中举人，代宗景泰五年（1454年）考中进士，累官至文渊阁大学士，著有《大学衍义补》一书，系为封建经济者提供"治国平天下"的统治要求。其中，谈经济问题也是其中的一个重要组成部分。

价格思想是丘濬经济思想的一个重要组成部分。他认为："为天下王者，惟省力役，薄赋敛，平物价，使实者安其实，贫者安其贫，各安其分，止其所，得矣。（《大学衍义补》卷25《市籴之令》）他把"平物价"与"省力役，薄赋敛"并列为"王者"的重要任务，这是他以前不曾有的提法。他还特别强调谷物价格的稳定，认为这不仅对人民有利，并可据以"定科差，制赋敛，计工役"（《大学衍义补》卷26《铜楮之币》）。当时封建国家的财政收支主要以货币方式进行核算，所以商品价格的稳定与否，直接影响到财政收入的多少，而粮食在当时是最重要的商品，因而稳定粮食价格就更为重要。至于一般商品，"民之可有可无者，不必计焉"，即让市场活动自发地决定其价格的高低，没有必要进行控制。这表明在当时客观经济的条件下，他把关于价格问题的认识在历史上向前迈进了一步。

如何稳定粮食商品的价格呢？他主张政府主管部门要掌握全国的谷物行情，力求流通中的货币量同商品量相一致，并根据年岁的丰歉，通过国家对谷物的收购与销售的轻重敛散之术来平抑谷物价格，他说："愿国家定市价恒以谷米为本。下令有司：在内，俾坊市逐月报米价于朝廷；在外，则闾里以日上于邑，邑以月上于府，府以季上于藩服，藩服上于户部。是使上之人知钱谷之数，用是而验民食之足否，以为通融转移之法。务必使钱常不多余，谷常不致于不给，其价常平。"（《大学衍义补》卷 26《铜楮之币》）

岁穰民有余则轻谷，因其轻之之时官为敛籴，则轻者重，岁凶民不足则重谷，因其重之之时官为散粜，则重其轻。上之人制其轻重之权而因时以散敛，使米价常平以便人，是虽伯者之政而王道，亦在所取也。（《大学衍义补》卷 25《市籴之令·常平》）值得指出的是，他的这一套轻重散敛之术同《管子》价格政策的基本概念是不相同的，《管子》要求价格在时上时下，上下波动之中求准平，不要求价格稳定在一个水平上不变，即"衡者，使物一高一下，不得常固"，但同李悝的价格思想却颇有相近之处，李悝认为价格要"使民适足，价平则止"，即要求价格要保持经常的稳定。这就是说，丘濬是用李悝的价格基本稳定的概念来解释《管子》的价格措施。明确了这个问题以后，我们再来研究他稳定价格的办法。

丘濬稳定价格的具体办法是建立自下而上的定期价格汇报制度，换句话说，就是在全国范围内建立粮价的报告制度。政府掌握各地谷米价格的动态，将价格低的地方的粮食转运到价格高的地方出售，"通融转移"以稳定各地的粮价。除根据粮食收成的丰歉，运用轻重散敛之术以稳定粮食价格外，还要控制货币流通量使其不至"多余"，从而维持粮食价格的稳定。建立价格信息网络，实行价格汇报制度最早见于唐代的刘晏，其掌握商品价格动态的范围较丘濬广泛，但却没有考虑货币因素。谷物的轻重散敛之术是《管子》最早创立的，李悝也曾提过，李悝着眼于谷物价格的稳定，但也不曾考虑到货币因素。《管子》是主张货币与谷物的交换收放，使

价格稳定在一定的水平上，无疑是很注意货币因素的，但也没有将货币问题明确地提出单独考虑，丘浚着重考虑粮价的稳定，除供求因素外，货币数量成其为独立考虑的因素。由此可见，丘浚的粮食价格政策，是在刘晏、李悝、《管子》的价格思想的基础上加以发展的产物。

在一般情况下，粮食价格的波动常决定于气候条件，只是在少数情况下才受货币因素的影响，丘浚把粮食价格的变动直接和货币因素联系起来，显然是不全面的。因此，在这个问题上他比前人略胜一筹之处仅在于他已考虑到货币因素的作用而已。

其次，物价情况上报到户部的间隔时间太长，不能及时地反映物价急剧变动的情况，等到中央政府掌握到情况后再采取措施，恐怕早已是时过境迁了，就是说政府不足以据此有效而迅速地采取补救措施以应付价格变动的情况。但其作为历史资料，却又是十分珍贵的，对于后世的物价工作，仍有借鉴之处。

另外，在价格问题上，他还主张实行高价政策以限制消费。以酒价为例，他认为酿酒以粮食为原料，酒多则民用粮食少。为了节约粮食，他主张将酒价提高一倍以限制酒的消费，有集会需用酒须凭券购买，临时填注数量，购买愈多则价格愈高。关于实行高价政策以限制消费的思想，战国时期秦国的商鞅早就有之，但他是靠寓税于价，大幅度提高酒税来实现他的高价政策的，而丘濬是坚持酿酒民营的，且还没有提到提高酒税。凭券购买制度即使能由酒商推行，恐怕是酒价越高，酒商获利就越多了，于政府财政无所补，因而，他的高价主张较商鞅的高价政策似乎略逊一筹。

知识链接：

"一条鞭法"

"一条鞭法"是在明代内阁首辅张居正的主持下，于万历九年（1581

年）在全国推行的赋税制度。其主要内容是：以县为单位，将所有田赋、劳役、贡纳、杂差等一律折合成银两，分摊在本县田额之中，在法定意义上废除力役，所雇之役，均由所征款之内支付。这种税法的实行，反映商品经济的发展和劳动者对地主人身依附关系的削弱，成为古代赋役制度的最后形态。

 ## 丝织业与丝织品贸易

与农业结合得最密切、最悠久的是纺织手工业。丝织业的发展是社会经济发展的一种尺度。纺织业中的新军棉织业，在明代蓬勃而起，于是丝织、棉织并驾齐驱，但丝织多限于宫廷、官僚、富户之用，民间已渐以棉织为主要衣着用品。明代丝织品另一大去向，就是出口，棉织品的出口还不多。

明代丝织仍分官织和民织两大系统。朱元璋虽是农民出身，自称为"淮右布衣"，但做了皇帝，就要按封建皇统办事，同样也要征调全国工匠来官方工场无偿劳动，专事制作高档丝织品。所以明代在丝织业等领域里产生的新时代的因素，是不可能得到朝廷的支持和保护的。

明代工部管辖的针工局、织染所、文思院、王恭厂等单位，都是织造丝锦的。根据洪武二十六年的统计，针工局轮班工匠，一年一换的有绣匠一百五十名，三年一换的有一千四十三名，分工精细。除绣匠、织匠外，还有双线匠、裁缝匠、绵线匠、网巾匠、边儿匠、绵匠、打线匠、挽花匠、染

匠、攒丝匠、络丝匠、针匠、织丝匠、腰机匠、折配匠、揭糺匠、挑花匠、纺绵匠、织罗匠、捻金匠、络纬匠、洗白匠、结综匠等二十余种，分工已较前代更为细密。

除中央织造外，明初又在浙江杭州府、绍兴府、严州府、金华府、衢州府、台州府、温州府、宁波府、湖州府、嘉兴府、江西布政司、福建福州府、泉州府、四川布政司、河南布政司、山东济南府、直隶镇江府、苏州府、松江府、徽州府、宁国府、广德府等处，设置织染局。

由于棉织的兴起，明代丝织地区相对缩小，但留下的却是精华所在，除吴越苏杭地区外，"川、楚、闽、广、齐、豫各有茧"。（方以智：《物理小说·卷六花机》）不过，明代丝绸已有"丝贵吴丝"之说，出口外销也如此，日本进口中国丝织品，就专以吴丝为上品。

苏州是明代最大的丝织城，苏州织染甲于全国。苏郡织染局创于洪武年间，工匠、军匠合计约二千名，房屋二百四十五间，规模甚大，织物缴纳朝廷内库，输运南京库藏。因此南京库藏内积藏了大批丝织品，郑和宝船队出航时，带去的丝绢锦绫多取于南京库藏，多为苏杭地区出品。

丝织业的发展，促进了江南地区的经济繁荣，例如吴江县原是江南水乡僻地，不事丝织，宋元之间，还只是州郡里有人经营此业，到了明代的洪熙、宣德年间（1425—1435年），县里的富户开始进行丝织业生产，但往往还是聘雇郡府里的匠手来织挽。到了成化、弘治年间（1465—1505年），吴江县人就已精于此业了。富者雇织，贫者自织，连原来贫困的小镇——盛泽镇，明代后期已是"镇上居民稠广……俱以蚕桑为业。男女勤谨，络纬机杼之声，通宵彻夜。那市上两岸绸丝牙行，约有千百余家，远近村坊织成紬匹，俱到此上市。四方商贾来收买的，蜂攒蚁集，挨挤不开，路途无伫足之隙。乃出产锦绣之乡，积聚绫罗之地"（《醒世恒言·卷十八》）。

明代人分析东南之利，认为以丝织业中的罗、绮、绢、纻获利最厚，而最厚的地区则是三吴。靠剥削雇工致富的手工场主，也不乏其人。工场主郑灏，系一般水平的业主，即雇有"织帛工及挽丝佣各数十人"。苏州潘氏也是以机织起家，后累富至百万。劳资对立的最初形态也出现了，工场主和雇工之间的矛盾日渐发展，织工们因不堪剥削而进行了"倡为帮行名色，挟众叫歇"的阶级斗争。可见，社会生产的发展，推动了社会的进步，明代的丝织业正孕育着新时期的曙光。

明代的丝织品种类繁多，品名庞杂，仅据《博物要览》记载，明代织造的锦绫两项即有如下名称：

紫宝阶地锦、紫大花锦、五色簟文锦、紫小滴珠方胜鸾鹊锦、青绿簟文锦、紫鸾鹊锦、紫百花龙锦、紫龟形锦、紫珠焰锦、紫曲水锦、紫汤荷锦、红云霞鸾锦、青楼阁锦、青藻花锦、紫滴龙珠团锦、青樱桃锦、皂方圆方白花锦、褐方圆白花锦、方胜盘色锦、练雀锦、球路锦、衲锦、柿红龟背锦、樗蒲锦、宝照锦、龟莲锦、方胜练雀锦、绶带锦、瑞草锦、八花晕锦、银钩晕锦、细花盘雕锦、狮子锦、盘球锦、水藻戏鱼锦、红遍地杂花锦、红遍地翔鸾锦、红遍地芙蓉锦、红七宝金龙锦、倒仙牡丹锦、白地鱼纹锦、黄地碧牡丹方胜锦、皂木锦。

明代对外贸易的出口产品，还是以丝瓷为主，但丝织品占首位。永乐十八年（1420年），郑和船队去西洋忽鲁谟斯（波斯湾）等国公干，就带去"各色纻丝纱锦等物，并给赐各番王人等纻丝物件"，说明官方易货贸易主要用丝织品为平衡手段。

知识链接

明代丝绸之路

秦汉以来，我国丝绸出口基本上一直走着一条西行路线；汉时的丝绸

商道经中亚西指地中海罗马,汉代由广东徐闻出海西去印度;唐代的通海夷道,把广州和波斯湾的商道联结了起来,但这都是西行方向。明代中期,中国丝绸另循一条东行之道,铺向更远的地方,这就是明代的太平洋丝路,它是通过大帆船贸易进行的。明代的丝织品开始了远行美洲的历史。

 ## 造纸业与印刷业的繁荣

造纸术的发明,是中国在人类文化传播和发展史上做出的一项十分宝贵的贡献,是中国史上的一项重大成就,对中国历史产生了重要的影响,也是人类文明史上的一项重大突破。自造纸术发明以来,每个朝代都对造纸术进行了传承与发展。明朝造纸业的鼎盛发展在造纸业的发展长河中同样留下了不可磨灭的功绩。

明朝初期,政府实行新的工匠服役制度,规定工匠可以在服役以外的时间,从事不同技术行业的生产和艺术创造,其产品可以在市场上出售。到嘉靖四十一年(1562年)朝廷颁布了轮班工匠以银代役的法令。这对工匠的人身控制束缚有所解放,有力地调动了广大手工业者的生产积极性,所以明时手工业之一的造纸业的生产规模也日益扩大,发展甚快,浙江、福建、安徽、四川、湖南、江苏等地都已成为重要的产纸基地。

安徽宣纸的产生可追溯到唐代,甚至唐以前的晋代,但名震艺林,为文人所推崇,却在明时。明代宣德年间,宣纸为文人墨客争相购用。不少好事者仰慕搜求,囤积居奇,一时间出现了宣纸奇缺的现象,致使当时宣州的宣城、泾县、宁国、太平一带，造纸作坊如雨后春笋一般应运而生，使宣纸生产进入了较兴旺的时期。

明时，浙江的纸张，时人评论仅次于江西之纸。产于该地由拳（今浙江嘉兴县南）一带的藤纸，始于晋时，成名于唐宋，到此时已处盛名之下、其实难副的境地，一是由植物本身不宜生养所决定的，二是由于人为的随意砍伐，历经几代而不注意培植，加之生长缓慢，故藤纸生产到此时的数量已九牛一毛。另衢州（相当今浙江衢县）、常山等地，也产藤纸，都以质量优良，深受人们欢迎。

浙江绍兴府等地所产的竹纸，以纸面光滑、富有韧性、吸墨易干、色泽不变等优点闻名全国。当时有一种较淡黄的竹纸，薄细而小，为拓帖之佳纸。因用墨较淡，所拓帖本有"纸如黄玉，墨似蝉翼"之称，被视为"无上神品"。

江苏松江府生产的潭笺纸品又称"谈笺"。为一时之名纸。其中以玉版、玉兰、镜面等品类为最，纸质柔韧，润滑耐用。关于潭笺的制作方法，屠隆《考槃馀事》中载："松江潭笺不用粉造，以荆川连纸褙厚研光，用蜡打各色花鸟，坚滑可类宋纸。"据说，当时有伪造潭笺者，用冒牌货以次充好，以假乱真，借用其潭笺的声誉。

陕西凤翔县造纸，继续以汉蔡伦时选用的造纸原料和造纸法生产纸张。充分利用当地的旧麻品，如旧绳头、破麻袋、废麻鞋、烂麻布等，制造出一种白麻纸，称为凤翔白麻纸。所造纸质强度大、易受墨，为当时书画必需的材料。又因此纸每百张重约一斤，故又称为"百斤纸"。

明时各地出现的手工工场，比以前的手工作坊增大了规模，机户和雇佣工人之间的关系已开始出现了资本主义生产关系萌芽，纸张的生产确比以前前进了一步。就连皇宫内府也特设造纸机构，当时的司礼监就有编制纸匠62人，专门生产供应宫廷用纸。其纸品类有宣德纸、大玉版纸、大白

板纸、大开化纸、毛边纸等。宣德年间宫廷中所用宫纸"宣德纸"最为著名。此纸富丽堂皇,精美至极。其名目有五色粉笺、金花五色笺、五色大帘纸、磁青纸等。特别是磁青纸,经加工制成羊脑笺,黑如漆,明如镜,防虫蛀,用以写经经久不坏,技艺高超,令人惊叹。宣德纸后从宫中传出,名扬当时。明代书法家董其昌墨迹多用宣德纸写成并传世。

当时官办造纸远远不能满足官府所需,每年除各地的贡纸外,还要从各产纸地收集上万张,甚至数十万张佳纸良品。明洪武二十六年(1393年),当时政府用来印造茶盐的运销和纳税的凭证、契税本、户口簿等项用纸,就多达上百万张,这些用纸均摊派给各产纸地,据明《会典》中记载:"陕西十五万张,湖广十七万张,山西十万张,山东五万五千张,福建四万张,北平十万张,浙江二十五万张,江西二十万张,河南五万张,直隶三十八万张。"从这一侧面,既可看出明时造纸业庞大的规模和区域造纸的广泛性,也可以看出当时纸张消费之惊人。

明时纸的大量生产,为卷帙浩繁的巨著问世,做出了巨大贡献,促使当时印刷业得以发展,官刻和私刻的各种书籍的品种和数量都超过前朝。明刘若愚《明官史》中曾详细地记载《佛经一藏》一书的用纸情况:该书共用白纸45023张、黄毛边纸570张、白户油纸10895张。可见当时印书用纸量之大。明成祖永乐年间编成的《永乐大典》是我国最大、最著名的"抄本书",也称"写本书"。当时参加编纂缮写的人数竟达2169人,全书辑入古今各类图书8000种,成书22937卷,凡例和目录60卷,装成11059册(每册高1.6尺,宽0.955尺)。计853456页。到明世宗嘉靖四十一年(公元1562年)由徐阶、程道南等100人,监督书手108人,历经六年,先后缮写正副两部,分藏南京和北京两地。这一名贵典籍,既是我国古代,也是世界上最早最大的百科全书,同时也是世界上最厚的书。明代纸的发展也为小说、戏剧书籍的问世和医学,农学、地理学等科学巨著的成书,提供了极大的便利条件。闻名于世的古典长篇小说《水浒传》为元末明初人施耐庵写成，流传至今的繁本便是明嘉靖时的刊本；明罗贯中较出色的长篇小说《三国演义》现存最早的刊本也为明嘉靖时印制而成；明朝中叶吴承恩的神话小说《西游记》也刊行于世。还有李时珍的医学巨著《本草纲目》、徐光启的《农政全书》、徐宏祖的《徐霞客游记》等，这些辉煌的巨著，已成为我国古代文化中的瑰宝。

明代名品佳纸的涌现，也为众多书法名家提供了充足的书写材料。据说明代书法家宋克习书练字时，关起门来"日费千张"，成为明时受人称颂的书法家。众多的纸品，又为明代盛行刻帖拓印之风起到推波助澜的作用，为丰富多彩的拓本的问世提供了必不可少的物资保证。今人王壮弘《碑帖鉴别常识》书中说："帖则纸色或黄或白，拓墨或浓或淡，虽不如宋拓阅之惊心动魄，也足以爽人胸怀。"足见明拓借以纸墨而表现的不凡技艺。拓帖用纸，除少数用旧纸仿宋拓外，一般早期的多用罗纹纸、镜光纸，晚期的多用竹纸。碑石椎拓用纸多以纸质坚韧厚实的黄棉纸或白棉纸，被称为"旷世奇品"的明拓本《汉鲁峻碑并阴额》即是黄棉纸重拓而成，明拓本《泰山刻石》为白棉纸深墨拓。

明时纸张已在人民日常生活中普及开来。在春节贴春联的习俗，始于明时，可说是纸张在人民生活中的一大普及。明代初年，明太祖朱元璋在帝都金陵（今江苏南京）曾传旨："公卿士庶家门上须加春联一幅。"致使官民家门于除夕一律贴上大红春联，全城满目一新。据说朱元璋曾在首都城里着便服察看，并替一劁猪为业的穷苦人家亲自书写对联。经此，贴春联成为一种普遍的习俗，一直沿至今日。

明代的"朝贡贸易"

明前期的中国与亚非国家的贸易主要以官方"朝贡贸易"为主,郑和下西洋将中外官方贸易推向顶峰。与此同时,民间走私贸易风起云涌。到明朝后期,随着"朝贡贸易"的衰落,民间贸易成为中国与亚非国家贸易关系发展的主导力量。

1. 朝鲜

中国与朝鲜半岛的贸易关系,到明代得到了进一步发展。一方面,朝鲜承认中国为宗主国,对明王朝称臣纳贡,另一方面明王朝则给予朝鲜特别优惠的朝贡贸易待遇。因此,朝鲜李氏王朝一面积极开展对明"朝贡",一面帮助明王朝打击中国从事走私贸易的商人。

2. 日本

明代中日关系较为复杂。明前期由于倭寇侵扰及胡惟庸之乱,明王朝对日本来华"朝贡"实行极为严格的限制政策,甚至一度规定日本"十年一贡",每次入贡,船不得过三只,人数不得超过三百人。不过,这一限制并未完全奏效,日本在明前期入贡仍较频繁。这一时期,从日本输入到中国的刀剑为数可观,其锋利精良受到明人的赞赏。日本作为中国传统的商品销售市场,对中国生丝、瓷器有很大的需求。徐光启说:日本"彼中百货取资之于我,最多者无若丝,次则磁"。相对严格的朝贡限制,使中国商品在日本供不应求,因而将中国货物运往日本可获高额利润,由此诱使不少中日商人铤而走险，从事两国间的走私贸易。到明末，福建海商郑芝龙集团通过从事中日间特别是台湾与日本间的贸易迅速发展壮大起来，并且还开辟了一条由泉州安平直抵日本长崎的新航线，中日贸易由此盛极一时。

3. 琉球（今日本冲绳县）

早在汉代，琉球群岛与中国大陆已开始了经贸往来。明王朝建立后，明太祖朱元璋实行和平外交政策。洪武五年（1372年），明遣使琉球，琉球接受明廷册封，从此成为中国的重要朝贡国。明廷对琉球来华"朝贡贸易"也实行较为优惠的政策。允许其一年两贡或三贡，并特许其随贡商船在北京及福建，不拘期限与华商交易。成化十年（1474年），明廷特在福建福州修建柔远馆，用以专门接待琉球贡使。琉球国本身不产香料，加之经济水平落后，缺乏中国需要的大宗贡品。而与明王朝开展"朝贡贸易"获利丰厚，故琉球国不惜远渡重洋，到东南亚各地购买香料转贡于中国。同时还将中国的丝绸、瓷器、铜钱等物转口于东南亚、日本等地，琉球从这种转口贸易中获取了巨额利润，使之由一个名不见经传的弹丸小国，成为海上丝绸之路上一个举足轻重的国家。

4. 印度支那半岛

明代印度支那半岛上的主要国家有安南（今越南北部）、占城（今越南中部及南部）、真腊（今柬埔寨及越南南部）、暹罗（今泰国）等。这些国家和地区均为中国传统贸易伙伴，与中国有着悠久的贸易关系。明朝建立后，双方开展朝贡往来。特别是郑和下西洋后，印度支那半岛国家与中国的"朝贡关系"进一步密切。明王朝建立后，主动遣使与真腊通好。洪武三年（1370年），明太祖派使臣郭征前往真腊，两国间自此恢复了外交关系。郑和下西洋后，中国与真腊的友好关系得到空前的发展。明王朝立国时，泰国大城王国已统一暹罗，明太祖于洪武三年（1370年）派使臣吕宗俊等人前往暹罗，与大城王国建立起了友好关系。永乐年间，郑和下

西洋进一步密切了双方的关系。此后,两国使臣往来相继,暹罗国遣使来华"朝贡"极为频繁。

5. 马来半岛及马来群岛

明代时在马来半岛及马来群岛活跃着诸多小国。与明王朝关系较为密切的国家有:爪哇(今印度尼西亚爪哇岛及苏门答腊岛的部分地区)、三佛齐(今苏门答腊岛巨港,1397年被爪哇灭掉)、阇婆(今印尼爪哇岛中部)、兰无里(今印尼苏门答腊岛的亚齐)、渤泥(今文莱)、美洛居(今印尼马鲁古群岛)、满剌加(今马来西亚马六甲)等。

爪哇,当时为马来群岛的一个大国。明朝建立后,太祖朱元璋即派使臣前往爪哇,双方建立起了"朝贡贸易"关系。此后,两国使臣往来不绝。郑和下西洋,爪哇为其南下的终点和西向的起点,地位十分重要,从而又大大加强了彼此之间的联系。此后双方关系更加密切,官方贸易盛极一时。

6. 南亚各国

南亚地区,当时主要的国家有榜葛剌(今孟加拉)、加异勒(今印度南部加耶尔巴达)、西洋锁里(今印度南部科里伦河口)、古里(今印度西海岸科泽科德)、柯枝(今印度西海岸柯钦)、小葛兰(今印度西海岸奎隆)、锡兰山(今斯里兰卡)、溜山国(今马尔代夫群岛)。这些国家,都是明代郑和下西洋所经之地。在郑和下西洋的推动下,南亚国家纷纷遣使中国,如溜山国曾于永乐年间四次遣使"朝贡"。

7. 明朝与西亚、非洲的贸易关系

明代中国与西亚、非洲的贸易关系继续发展。自第四次下西洋开始,郑和船队便驶入阿拉伯海,与阿拉伯半岛及东非各国开展交往,使中国与这些地区的贸易关系达到了封建时代的顶峰。

 **扩展阅读　明代的蔬菜**

明代江苏的蔬菜品种有许多，如南京的蕹菜，常熟的胡萝卜，嘉定的香芋，杭州的最"补益人"的芡，娄县的菱，高邮、宝应的莲房……这些蔬菜还远销各地。色泽红嫩而甘味为上的荸荠，盛产于吴中，并作为珍品远销京城。生长在江岸的藜蒿，也由九江诸处采摘，用可装数百石粮食那样大的船装上，贩运远方。

明代江南人民还不断拓展着蔬菜的食用领域。在万历以前，江南地区还很少采食莼菜。明万历以后，许多文士继承了前代文豪雅贤称道莼菜的传统，创作了数量可观的颂扬莼菜的诗词文赋。由于"豆芽菜"无土便可栽培，简便易行，能补蔬菜短缺时的需求，所以在明代城市里出现了许多以专门出售"豆芽菜"为生的小商贩。食用野菜在明代也十分盛行，邵璨的《香囊记》记载的一普通百姓之家对年迈老人的供养，就是以野菜为羹的。野菜的食用方法，多是采摘后炸熟或水浸、去掉酸苦味，加油、盐就可以食用了。随着野菜食用的日渐推广，人们食用野菜的方法也逐渐丰富、讲究起来。

第三章

一枝独秀
——盛世陶瓷文明的崛起

明代在中国陶瓷发展史上是由宋代的百花争艳,经由元代的过渡,变成了几乎由景德镇一花独放的局面。唐末至两宋时期,名窑遍布全国,有很多品种,都有各自的市场。到明代中期以后,景德镇的瓷器几乎占据了全国的主要市场,而高质量瓷器的独占者——宫廷所用的瓷制品,也几乎主要由景德镇供应。由此可知,真正代表了明代时代特征的是景德镇瓷器。

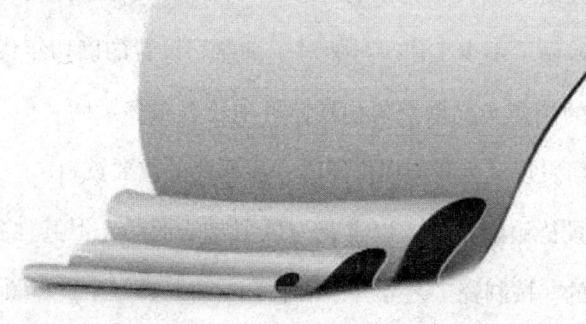

"官搭民烧"的明代陶瓷

景德镇在明代成为中国的瓷都，除了有其特殊的历史条件和有利的地理环境外，明朝宫廷在当地设立御器厂，承担了为宫廷、皇室提供最优质的瓷器的任务，也具有重要的作用。御器厂设置以后，为了满足宫廷需要，便不惜代价，向高、精度发展，促使景德镇的制瓷业不断扩大新品种，提高产品质量，从而也带动了民窑的进一步发展。而民窑在扩大市场的基础上，也精益求精，到嘉靖以后，宫廷所需的御器——钦限瓷器，实际上是由民窑中的"官古器"户烧造的。因此就形成了比较有特点的明代"官搭民烧"的制瓷形式。

明代民间的中、上阶层居民，几乎普遍使用景德镇民窑所产的瓷器，特别是青花瓷。明代外销瓷的数量也是巨大的，近年来在东南亚地区，尤其像印度尼西亚等地，经常有大批明代完整瓷器被发现，数量惊人，中东地区同样也十分可观。明代晚期，中国瓷器远销欧、美各地，墨西哥在修筑地铁时还发现了明代景德镇的五彩瓷碎片。对于明代官窑瓷的研究，我们的前辈们曾做了不少工作。虽然对于御器厂设置的确切年代，正统、景泰、天顺三朝的制瓷实况以及某些具体事项还有很多疑问，但目前景德镇御器厂旧址的新发现又为我们提供了进一步研究的重要资料。

明代景德镇的瓷器，以青花为最主要的产品，但其他各类品种也都是十分出色的。按制瓷工艺分有：釉下彩、釉上彩、斗彩和颜色釉四大类。

釉下彩是指青花和釉里红瓷，因其彩绘在胎上，着釉后一次烧成而得名。历来认为，釉下彩最先由唐代长沙窑创烧，宋代磁州、吉州窑都烧造，但最新的考古资料表明，3世纪的越州窑已开始制作釉下彩了。

明代景德镇的青花瓷是釉下彩发展到最高的阶段。由于景德镇胎、釉制备的精细，从永乐年间开始，又恢复使用了从中东伊斯兰地区进口的钴料，青花瓷遂以其胎釉洁润、彩色鲜艳而成为中国瓷器生产的主流，青花瓷的生产在明清两代长达600年间盛行不衰。御器厂所烧造的官窑青花瓷器，固然精细优美，而民窑的产品，除供民间一般百姓使用的日用器外，也有极精致的陈设瓷。虽然官窑产品是民间艺匠精湛技艺的结晶，但最能反映景德镇制瓷业工艺水平的仍然是官窑的产品。我们既要重视民窑瓷器，但也不应把民窑瓷器，包括民窑青花瓷器的研究提到不适当的高度，特别不应该把明代民间青花看成是代表性产品。决定时代性质的是质不是量，大众化的、普通的民间窑瓷器，决不能代表我国古代瓷器生产的水平。

釉里红的制作在洪武朝一度发展到极盛阶段，宣德的釉里红器也颇负盛名，但宣德以后，随着高温铜红烧制技术的衰退，釉里红的制品便少得可怜。明代末年，民窑又开始尝试性地烧造釉里红器，但大多属于色泽不太纯正的小件器。

釉上彩是因彩绘在釉上而得名，工艺上是指在已经高温烧成的瓷器上再进行彩绘，然后以700℃—900℃低温烘烧，使其彩色不致褪脱，它包括釉上单彩（如白地红彩等）和釉上多彩（如三彩、五彩等）。金代定窑的釉上红彩、磁州窑系统的釉上加彩，是釉上彩的原始阶段。明代从洪武的釉上红彩到宣德的釉上五彩，只有半个世纪左右，但工艺已经取得了十分惊人的成功。宣德以后，单纯的釉上五彩制作并未间断过。发展到万历时期，彩色浓艳夺目的青花五彩器是明代釉上彩制作的又一新阶段。但在正德、嘉

靖以前，彩瓷几乎是御器厂专烧的官窑独占品，嘉靖朝民窑的红绿彩制作进入了极盛时期，嘉靖、万历时期景德镇的釉上彩瓷器已远销国外。

斗彩，又称逗彩，意谓釉下彩和釉上彩拼逗成彩色画面，从这个意义上说，宣德时期的青花红彩器，即属斗彩的范畴，但这只是釉下单彩（青花）和釉上单彩（红彩）相结合，成化斗彩则是釉下青花和釉上多色彩绘相结合的典型斗彩器，万历朝青花五彩器中有一部分也应归入斗彩的范围内。

颜色釉是指各种色泽的高温釉和低温釉，有一种色泽的单色釉，也有多种色泽施于一器的杂色釉。明代的白瓷虽然以其胎色的洁白和透明釉的纯净而呈白色，并非特殊施以白色釉，但为了方便，一般书籍均列入颜色釉内叙述。明代景德镇的颜色釉瓷，主要是御器厂的官窑制品，洪武朝的高温红釉、蓝釉、柿色釉和黑釉都有极高的成就。永乐、宣德两朝则增加了多种仿哥釉、仿龙泉釉等品种。永乐朝的红釉和甜白则又是明代颜色釉中的佼佼者。宣德以后，高温铜红釉渐趋衰落。嘉靖朝开始以铁红低温釉代替高温铜红釉。嘉靖官窑以多种色釉施于一器的杂色釉制作特别兴盛，王宗沐所著《江西省大志·陶书》对此有详细的记载。

由于我国古代文人学士中有很大一部分人士比较轻视手工业生产，因此历史文献中有关陶瓷制作的记载甚少。目前能看到的有关明代景德镇制瓷业概况的记述，以上述嘉靖时人王宗沐《江西省大志·陶书》为最主要。此外，明宋应星《天工开物》及成书于清雍正、乾隆年间的《南窑笔记》，乾隆年间的朱琰《陶说》、嘉庆年间蓝浦的《景德镇陶录》和乾隆本《浮梁县志·陶政》，其内容很大一部分是明代景德镇制瓷业的概况。

盛世官窑："青花瓷"

政局稳定，经济发展，必然推动青花瓷制造工艺的进步。有明一代青花瓷的烧制主要从永乐开始发展到宣德时期比较繁盛。

明成祖朱棣在位22年，年号永乐。当时社会安定，城市繁荣，特别是把首都从南京迁到北京后，疏浚会通河，修整运河，畅通漕运和水上交通，使得运河沿线的城市也繁荣起来。加之自永乐三年（1405年）开始派三宝太监郑和先后七次下西洋，促进了海内外贸易的发展。这时，一方面将国内瓷器推销到海外，另一方面又带回了制作青花所需要的苏泥勃青色料。由于中外经济文化的交流，在瓷器造型上也吸收了中亚地区的器皿特征，如永乐青花水注、无挡尊、花浇、卧壶等，都受到一定的影响。

1. 永乐青花瓷

永乐青花瓷用料与洪武青花不同，洪武青花多采用国产青料，而永乐早期青花仍用国产青料。永乐三年（1405年）起，郑和七下西洋，带回进口的钴料苏泥勃青，用于后期官窑青花。这种青料的呈色青翠鲜艳，绘在瓷胎上，有深有淡，层次分明，浓处凝聚呈蓝黑色、深蓝色或黑褐色的锡光色，青色略有晕散。在瓷器上的效果如同在宣纸上绘画一样，笔墨晕散，淋漓尽致，一方面使人物纹的线条不清，另一方面也使花卉纹笔墨淋漓，如同水墨画一样酣畅生动，有自然美。青花色深浓，有点滴晕散，是为永乐青花特征。

由于青料自然晕散的特点，致使人物面目不清，所以永乐青花纹饰中很少描绘人物，倒是花卉的效果得天独厚。纹饰早期的较密，后期的趋向疏朗。缠枝莲、缠枝牡丹、缠枝菊花等花卉纹是永乐前期青花主要纹饰，稍后出现折枝花果纹。动物纹以龙、凤为多，还有少量的麒麟纹和海兽波浪纹。

2. 宣德青花

青花的极盛时期当属宣德时期。永乐后洪熙在位时间仅一年，由于时间短暂，至今尚未发现洪熙年款的瓷器，故洪熙瓷的真实情况无从论述。坊间所见洪熙款识瓷器多为赝品。洪熙之后的宣德则是明代青花生产的鼎盛时代，从选料、制造、纹饰、题款，无一不精。

明宣德时国势初张，天下富足。宣宗本人尤善绘事，在他提倡与奖掖下，加之社会经济发展，海外贸易也随之骤增，刺激了制瓷业技术的提高，瓷业蓬勃兴盛。宣德仅十年，但在明代各朝中存世官窑最多，青花又占一半以上，且都是空前绝后的巅峰之作。

宣德时的胎体与永乐相比要厚重一些，胎质洁白坚硬。宣德青花使用进口的苏泥勃青与国产青料。进口的苏泥勃青经过永乐一朝的使用总结，已能熟练掌握，使青花呈色稳定，浓郁而青翠。在深浅不同的线条中，有星星点点的黑青色。由于青料聚集而形成的铁锈斑，更产生了一种幽深奇异的高贵感。宣德瓷釉色中以白含青为多，少数釉色莹白。由于釉色含青，这种釉色的瓶、罐的口沿及底足外壁聚釉处见水绿色。与永乐青花相比，釉有较多气泡而呈橘皮色。宣德瓷的釉质肥厚莹若堆脂，釉层中气泡又使釉层透明度降低，致使宝光内敛，可以和宋之汝、官窑相敌。

宣德青花纹饰，具有独特的时代风格，画意豪放生动，笔法流畅，题材广泛，布局上官窑繁琐，民窑疏朗。纹饰中花卉、动物、人物、八宝、龙凤无所不包，均繁复华丽，慧心巧思。其中以番莲为主的植物花卉纹最多。装饰纹样大多程式化，器型和纹饰都相配合且固定下来。如菱口大盘一般用缠枝莲作饰，侈口浅弧形大盘用束莲和牡丹为饰。过去认为由于受永乐青花的影响，宣德青花很少绘制人物，实际上宣德时将进口青料与国产青料作有机的配合，人物画很多，如琴棋书画、仕女、庭院婴戏以及故事画等。

 **影响深远的民窑青花**

明代景德镇有许多民窑的青花瓷器画面简练豪放、青翠透亮，有的真如一幅水墨写意画，令人望之心旷神怡。"崔公窑"就是其中的代表。这种作风一直延续到晚明的民间窑青花瓷器上，别有一种清新的意趣，是明代青花瓷器中的杰作。

为了区别于官窑青花，人们把民营手工作坊内生产的、供民间使用的青花瓷称为"民窑青花"。民窑青花自问世以来，尽管由于历史偏见不曾被载入史册，但是作为商品它渗透于社会经济、文化生活中，对研究当时社会状况、经济发展、风俗变迁都具有较丰富的学术价值。此外，民窑青花产量之大也是官窑瓷器望尘莫及的。以明代景德镇瓷业而论，在其民窑瓷业兴盛时年产瓷器可达3600万件。而据史料记载，明代御窑厂在产量最大的时期（嘉靖二十六年，1547年）生产瓷器仅12万件，只相当于民窑产量的3‰。一般年景也不过数万件，尚不及民窑产量的1‰，可见"行于九域"的景德镇瓷器基本上是民窑瓷器。在民窑瓷器中青花瓷为大宗产品，又足以见民窑青花影响之大。不仅如此，在世界各地出土及传世的明清青花瓷

民窑青花瓷碗

中也以民窑青花居多，朝廷对外赏赐和交换的官窑瓷器仅是凤毛麟角。

民窑青花在装饰技法上，由元代的多层次变为只突出主题纹饰；明代民窑青花边饰不多，而口沿及其他部位逐渐由弦纹一类纹饰所代替，且有浓淡粗细疏密之别，一方面起到明确造型部位作用，同时又以静衬动，突出主题装饰的作用；主题纹饰由繁密、具象到晚期疏简、较抽象；由成化的从新繁密、写实到正德疏简、概括；又由嘉靖时再繁缛、具象，到晚明的高度单纯、简练、草化和抽象。正统时笔法给人以苍老、古拙之感，成化时始出现勾线分水画法，同时万历开创了淡描手法。民窑青花主要吸收了中国画的表现技法，打破了官窑工细谨严的局限。图案纹饰不受任何束缚，纵笔挥洒，以写意之法出之，题材广泛，生活气息浓厚，雅致有回味。比如地上的小草是成片成块的，但它只画三五根点缀；又如一小缸上画几朵荷花、几片荷叶、几根水草、一弯清水、几条小鱼穿插其间，构成一幅荷池游鱼的宽润美景图画；又如画山水用远物实画，近物远画，使远景近景既有区别又有统一。此外还有底款书法美，如"福""雅""玉堂佳器"等题记，均采用民间习俗，取意于福禄寿爵等谐音吉祥语句。

民窑青花多数为日用瓷，常见器物一般是小碗、小盘、小罐。虽然画面大都较小，多为一人一物、一角一景，但犹如国画之册页、扇面之一祯，无论是"风雨归客""秋江待渡""蒲塘跃鲤"，还是"秋野山僧""荷塘春色""长老望江"，都极具特色。尽管在胚胎上勾线、分水不如宣纸上作画那么自如，但因胚胎和生宣纸吸收水墨的特性相似，富有层次效果，加之民间匠师用笔自然潇洒、毫不拘束，因此就发挥传统绘画技法这一点而言，两者有许多相似之处。可以说民窑青花起到了普及中国传统绘画的作用，它的艺术价值和历史功绩是值得称颂的。

知识链接

民间青花瓷

民间青花归属于民窑产品，有粗品也有细品，粗细瓷结合。在胎体制作上，由厚重逐渐变得轻薄，由不甚规整到施削细、规整，造型一般都显丰满、浑厚、古朴，器型线条柔和、圆润，给人以质朴、庄重之感。在施釉工艺上，釉质肥厚滋润，白中闪青，色泽深沉，贯穿于整个明代始末。

彩瓷的里程碑："成化斗彩"

斗彩的出现是中国彩瓷发展史上的一个里程碑，它创烧于明代成化时期，并取得了辉煌的成就，成为明代彩瓷之冠。"斗彩"一词首见于清雍正年间成书的《南窑笔记》，而在明代文献中只有成化五彩或青花间装五色的名称。斗彩的烧造是借鉴景泰蓝工艺的掐丝、填料的技术在精细白瓷的素胎上以青花勾出纹饰的轮廓或局部，高温烧成后再在釉上填以红、黄、绿等彩料，二次入炉烘烧而成。这样，釉下青花和釉上彩相互辉映、争奇斗艳，因而被称为斗彩。它的出现打破了宋元以来单纯釉上彩的局面，开创了釉下青花和釉上多种彩色相结合的新工艺，为明代后期的五彩

及清初粉彩的发展奠定了基础。成化斗彩器素以小巧玲珑著称，尤以各式酒杯为最。

1. 斗彩高士图杯

至万历时期就有"成窑酒杯，每对至博银百金"的记载。斗彩高士图杯就是其中具有特色的一种，所绘人物形象主要有伯牙携琴访友、王羲之爱鹅、陶渊明爱菊、周茂叔（敦颐）爱莲等。一般是每两人一组。故宫博物院收藏的一件高士杯，高 3.8 厘米，口径 16.1 厘米，足径 2.7 厘米。胎质细腻、轻薄，形如仰钟，直口微敞，口以下渐收敛，浅圈足。底部有青花楷书"大明成化年制"六字款。器里光素，釉质洁白。杯身绘两组人物纹饰，一组为王羲之爱鹅，王羲之坐于岸旁观鹅，一侍童捧书站立。王羲之头部手部及下身衣着俱系青花，上身衣服轮廓青花填以矾红。僮儿头部足部及手捧图书均用青花，衣服填浅水绿色。鹅的全身用青花勾画后再加赭彩。水用青花加绿色。侍童身后垂柳一株，树干用青花轮廓，加以赭色，苔点用青花，柳枝是在青花上再敷绿彩。坡石均青花，石边草竹俱加绿彩。另一组为伯牙携琴访友，伯牙双手下垂，一侍童腋下夹琴相随。伯牙头部青花，衣服用青花勾轮廓后全加水绿彩，但袖部领部丝绦及足部均露出原来的青花。侍童衣服为矾红色，黄色结带，头足及手与琴都是青花。侍童身后松树一棵，其着彩一如垂柳。松侧点缀野菊五株，全是用青花画好之后再加以绿色的干，黄色的花。全器斗彩丰富多样，色彩的运用灵活自如，尤其是对人物的描绘，皆描画精工。四人衣服的着色采用了矾红和水绿二色交错使用的技法，一改过去青花瓷器中人物形象色调单一的面貌，给人以耳目一新的感觉。由于衣服均以平涂的方法施彩，形成有表无里的一色单衣，故又有"成窑一件衣"的说法。传说成化皇帝迷恋万贵妃，宫中每天都要进呈一件珍玩，成化斗彩瓷器品种繁多恐怕与此有关。

2. 斗彩鸡缸杯

明成化窑烧制的酒杯精品。高 3.6 厘米、口径 8.2 厘米、底径 4.3 厘米。形似浅碗，敞口、平底。器里光素无纹，外壁绘纹饰四组：一组兰花柱石，一组芍药柱石；柱石均用青花表现，兰花与芍药枝叶均为绿彩，芍药花为红彩。两组花卉对应分布于杯两侧，其间各绘子母鸡五只，一组作母鸡低头寻食，三只活泼可爱的小鸡正分别奔向母鸡作扑食状，而那红冠黑尾的雄鸡回首顾盼，似在警卫防护；另一组则作雄鸡神气地昂首长鸣，母鸡正在啄虫，小鸡们环绕着母鸡。纹饰分别填以红、黄、绿、墨等釉上彩色，画面鲜丽优雅。上下配以青花边线，器底青花双方框双行"大明成化年制"六字楷书款识。斗彩瓷器创烧于明代成化时期，其烧制是先在釉下用青花勾划纹饰轮廓线，然后入窑烧制，烧成后再于釉上填绘各种色彩，二次入炉烘烤而成，这种经二次烧造，釉下青花与釉上彩绘相结合的纹饰被称为"斗彩"。斗彩瓷器一经出现，便以图案纹饰新颖、色调柔和、色彩淡雅而名传于世。鸡缸杯亦不例外，自问世以来备受推崇，被誉为"成化精品"，为"酒器之最"，致使身价倍增，史载至万历时期就创下了"成杯一双，值钱十万""成窑酒杯，每对至博银百金"的高纪录。以致入清以后，几乎历朝均有仿制，品种繁多，流传至今者多系清朝仿品，而真品甚为罕见，这只鸡缸杯真品也就弥足珍贵了。现藏故宫博物院。

 世界白瓷之母："德化白瓷"

"中国白"是法国人对明代德化白瓷的赞誉，他们认为这是"中国瓷器之上品"，更被誉为"世界白瓷之母"。德化窑制瓷的始止时间可用10个字概括，即"始于宋，盛于元、明，衰于清"。

福建德化在宋代生产的白瓷和青白瓷虽已很精致，但德化的闻名于世，是从明代生产白瓷开始的。它的釉色白如凝脂，德化白瓷又称象牙白。明代德化白瓷的胎、釉和其他各地的白瓷不一样。由于德化白瓷的瓷胎是用氧化硅含量较高的瓷土制成，它的氧化钾含量也高达6%，烧成后玻璃相较多，胎质致密，透光度十分良好。德化白瓷的釉，不同于唐宋时代北方地区白瓷的釉，也不同于景德镇白瓷的略带青色，而是色泽光润明亮、乳白如凝脂，对着阳光照看，可见釉中隐现粉红或乳白色，因此有"猪油白""象牙白"之称。输出欧洲较多，法国人称为"鹅绒白""中国白"。这类"猪油白"的德化瓷，估计在16世纪初已经盛行，其色泽以白中微显肉红色为贵。

德化白瓷的器物有器皿及雕塑两大类，器皿中主要是供器和日用器皿，大量祭坛供器有烛台、香炉、花瓶及仿玉、仿青铜礼器。日用器皿主要为酒杯，有梅花杯、海棠杯、仿犀角杯等多种形式，碟、碗、壶及文房用具的笔筒、笔架、水洗、印章等等。瓷雕多见佛、道神像，如达摩、弥勒佛、观音、释迦牟尼和关帝像。瓷雕背部往往有"何朝宗""林朝景""张素山"等印记,以何朝宗所雕最为著名,但这些明代名匠瓷雕,目前所见却又大多是仿品。德化白瓷的装饰主要是刻画、堆贴、透雕、浮雕四类。花纹较简单,多见的是梅花纹、叶纹、弦纹、回纹、蟹纹、各式小动物纹,仿青铜器的兽面纹和道教的太极图等。

多年来,德化白瓷拍卖行情看好。瓷塑是德化瓷中最著名的制品,明代时就有著名艺人何朝宗、林朝景、张寿山等人。

明末德化可能亦烧青花器,上海博物馆所藏德化白釉铺首瓶带有"明朝天启肆年岁次甲子秋吉日赛谢"的青花题字。传世有一批明末的五彩器,习称德化窑,但至今未能证实其产地。

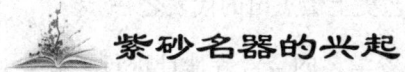
紫砂名器的兴起

自从瓷器出现之后,陶器实际上就逐渐地从生活日用中淡出了。一次次属于陶器的亮点,多是在工艺上屡有创新的结果。兵马俑与唐三彩,其功用多为明器,只有到了明清兴盛起来的紫砂器,才再一次把日用和艺术高度统一起来,成就了陶器史上的又一个辉煌。

一部紫砂史,自然还是要从"金沙寺僧"和"供春"说起。明人周高起在《阳羡茗壶系》中提出了紫砂器的"创始"说:"金沙寺僧,久而逸其名矣。闻之陶家云:僧闲静有致,习与陶缸瓮者处,抟其细土,加以澄练,捏筑为胎,规而圆之,刳使中空,踵傅口柄盖的,附陶穴烧成,人遂传用。"文中所说金沙寺僧的姓名与生平不详,明周容《宜兴瓷壶记》认为他是"万

历间（1573—1619）大朝山寺僧"，是他首先从陶工那里学会制陶技术从而首创了紫砂器。

供春，相传为紫砂器第一代有姓名流传的工艺大师。据《正始篇》记载，供春姓龚，故又作龚春，明正德、嘉靖年间人。正德（或弘治末）为宜兴参政吴颐山的家僮。时吴氏正读书于金沙寺，供春聪明过人，向寺内僧人学习制作紫砂的技术，并在实践中逐渐改变了前人单纯用手捏制的方法，改为木板旋泥并配合竹刀制壶。供春充分利用了陶泥的本色，烧造的紫砂壶造型新颖雅致，质地较薄却又坚硬，"栗色暗暗，如古金铁，敦庞周正"，在当时就名声显赫，有"供春之壶胜于金石"的说法。明人张岱在他著名的笔记小品集《陶庵梦忆》中称："宜兴罐以供春为上……直跻商彝周鼎之列而毫无愧色。"可见，当时文人名流对供春紫砂器推崇的程度。鉴于他的声望，其作品被后人广为仿造。自此，供春壶便成为紫砂壶的一个象征，供春也就成为了中国工艺史上最杰出的代表之一。

专家对传说中供春学艺的金沙寺遗址进行了调查，结果在寺西北约一公里左右的任墅石灰山附近，发现一处较大范围的古龙窑群。这是一个明代的缸窑遗址，在缸窑遗址中，出土了部分紫砂器的残片。以此推断，当时的紫砂也许还没有专窑烧造，而是和缸类等日用陶瓷同窑烧成的。

1966年，南京中华门外油坊街明司礼太监吴经墓出土有一件提梁紫砂壶，质地近似缸胎，但较缸泥为细，壶胎上有黏附的"缸坛釉泪"，无款识。吴经是明嘉靖十二年（1533年）入葬的，该壶属于明代早期的紫砂器实物，说明当时紫砂器烧造还未另装匣钵，而是与缸器一同入窑烧制的。

雅俗共赏的瓷制酒器

明成化年间，制瓷业有了前所未有的发展，所烧各式酒杯更是技高一筹，被人称为"成窑酒杯"。此时的青花瓷器也颇为引人注目，尤其所绘图案与中国古代绘画艺术融为一体，给人以清淡典雅、明暗清晰的感觉。青花酒器传世颇多，如各类青花梅瓶、青花高足杯和青花压手杯等青花酒器，均为艺术珍品，再现了明代匠师们极高的人生修养和艺术境界。

除了瓷质酒器外，明代的帝王显贵们对金银酒器和玉酒器依然热情不减，爱意有加。明定陵中出土的万历御用金托玉爵、金托金爵杯、金箭壶、传世的陆子刚玉卮和合卺玉杯，以及山东邹县明鲁王墓出土的莲花白玉杯等，均为明代酒器佳品，就连万历帝孝靖皇后棺内也随葬金温酒锅一只，可见当时人对饮酒的养生之道颇为重视。

1. "内府"梅瓶

这是一位老华侨珍藏的日月代内府瓷酒瓶。小口略残，外侈，厚圆唇，短颈，丰肩敛腹，足部外撇，圈足矮浅，沙底无釉。胎体由上至下逐渐变厚，胎质细腻，粉状感突出，犹如丝绸般柔顺。胎色白中显露黄斑，圈足外沿火石红痕明显。肩部有青花楷书"内府"二字，字体工整、圆润。此瓶施白釉，釉面肥厚，釉色淡雅，局部堆釉处白中闪青，温润似玉。

据收藏者说，这件"内府"梅瓶是20世纪60年代末在香港某古玩店里购得，当时店主称这件瓷器来自安南（越南）。我国自元代以来，一直都有

瓷器销往越南及东南亚地区,近年在湄公河沉船中也曾打捞出许多明清时期的青花瓷器。这件"内府"梅瓶可能就是当时运往越南,后流失香港的。"内府"梅瓶作为明王朝皇宫内廷所用之物,今流传在世的极少,除了日本安宅博物馆(即大阪市立东洋陶瓷美术馆)收藏的两件"内府"梅瓶外,这件略带残缺的内府梅瓶就是目前所知我国国内仅有的一件明初"内府"梅瓶了。

据考证,内府原意为仓库,署"内府"款的瓷器最早出现在磁州窑器物上。到了明朝初年,内府含义发生了根本变化,成为皇宫内廷之义。"内府"白釉梅瓶就是当时景德镇御窑厂专门为宫廷内府烧造的器物,属官窑精品。今日本所藏的这两件梅瓶,是目前所知国内外两件保存完整的"内府"梅瓶。

2.青花松竹梅三羊杯

此杯为传世品,杯口外敞,深腹曲壁,矮圈足。里外青花,口内沿饰以锦纹,杯心画一麒麟,外画三羊,三羊神态各异,一羊正面伫立,一羊侧面作行走状,一羊回首观望。三羊之间绘以松、竹、梅及杨柳、芭蕉等,取三阳开泰之意。此杯圈足低矮,胎釉间泛赭黄色,白釉肥润泛青。青花纹饰新颖,色泽浓艳而不晕散,为典型嘉靖回青之作。杯底部有青花双圈,内题"大明嘉靖年制"六字款。

古时候,人们以羊、酒为食、饮之上品,故常以两者并用,以为馈赠或祭祀之物。汉代人们还以羊羔肉加曲来酿造羊羔酒。我国人民自古以来就如此偏爱于羊,不仅仅因为羊本身是重要的物质财富,更重要的是,羊是吉利的象征,"羊"即是"祥"。我们曾发现汉代的铜器上雕饰羊的图案,并在某侧题铭"大吉羊"。"大吉羊"即"大吉祥"的意思。

羊,不但作为装饰图案经常出现存商周青铜酒器上,古代甚至还有羊形酒器,即羊尊。在汉代画像石上还曾经出现过羊尊的形象。但在秦汉以后的瓷酒器上,就很少见到以羊为纹饰者,这件青花三羊杯则是个例外。此杯胎薄釉润,轻盈透亮,主次纹饰搭配合理,疏密得当,不愧为明代官窑之精品。

 ## 瓷器的中外交流

明代中国大宗出口商品除生丝外,就是瓷器。中国瓷器很早就已经外销。到明代,随着瓷器制造业的进步,特别是民营制瓷业的发展,陶瓷种类更加丰富,产量有了显著提高,经朝贡贸易及中外商人贩运输往世界各地的瓷器数量大幅度增加。唐宋时期东南亚地区就进口了不少中国瓷器,但当时主要是精细瓷器,供上层社会享用的奢侈品。明代瓷器出口品种很多,洪武十六年(1383年),明廷一次赠与占城、暹罗及真腊三国各种瓷器各一万九千件。郑和下西洋携带大量青花瓷器前往海外,郑和的随员马欢在《瀛涯胜览》中说,爪哇国人"最喜中国青花瓷器"。费信的《星槎胜览》记载暹罗国"货用中国青白花瓷器"。明初中国瓷器已遍及亚非两大洲,近世在东南亚、西亚及东非等地都曾出土大量的明初青花等瓷器,其中东南亚数量最多。明代瓷器已成为东南亚人民的日用生活必需品,而在西亚及东非地区,中国瓷器还被用于伊斯兰建筑装饰上。

明朝中后期,瓷器出口规模进一步扩大,其地理方向遍及亚、非、欧、美的很多国家和地区。17世纪以前,中国瓷器运往日本数量很大。从17世纪开始,日本本国的制瓷业进一步发展起来,中国瓷器进口量下降。不过

第三章 一枝独秀——盛世陶瓷文明的崛起

由于中国瓷器质地精良，因而每年仍有不少华瓷输入。据记载，1635年，从中国台湾运往日本的中国瓷器达135005件。1637年，一艘中国商船又装载了75万件瓷器运往日本。

运往菲律宾的中国瓷器数量也相当可观，西方文献记载，隆庆四年（1570年），西班牙人在菲沿海劫夺了两艘中国商船，"船的甲板上都装满了陶瓷和陶器、大瓷瓶、盘子和碗，以及他们称为'中国细瓷'的精美细瓷瓮"。近代以来，在菲律宾南部的棉兰老、苏禄及巴拉望等地曾出土大批明后期瓷器碎片，有力地证实了明代中国与菲律宾瓷器贸易的状况。

爪哇的巴达维亚也是中国瓷器的重要出口市场。荷兰东印度公司每年从中国大陆购买大量瓷器运往中国台湾，再由中国台湾运往巴达维亚，贩运数量巨大。据西方人记载，崇祯九年（1636年），荷印公司运往巴城的华瓷达379670件之多。据估计，荷印公司每年运往巴达维亚的中国瓷器至少在15万件以上，明末荷印公司贩运的中国瓷器至少有1200万件，这些瓷器除在东南亚各地销售外，大部分被转销欧洲。据记载，1604年，荷印公司在阿姆斯特丹拍卖中国瓷器，引起欧洲皇室竞相争购，在欧洲掀起购买中国瓷器的热潮。此后，欧洲其他国家商人也大肆贩运中国瓷器。明代中国瓷器还被中国海商及欧洲商人运往西亚、非洲。

明代中国瓷器进入非洲也为数不少，近代以来在东非及北非的很多地区都曾出土16世纪的中国瓷器。16世纪，随着西方人的东来，中国瓷器开始大量传入欧洲，中国瓷器被欧洲人运往美洲的数量也不少，如1573年西班牙大帆船从马尼拉运到墨西哥的瓷器即达22300件之多。

明末，为满足出口贸易的需要，江西景德镇等地的民窑还出现了根据外商的要求而设计的专门外销的瓷器。如"加橹瓷"（在盘子口沿分为若干格，绘以郁金香纹）即是专门销往欧洲的产品。另外，荷印公司的文件中也提到："这些瓷器都是在中国内地很远的地方制造的，卖给我们成套的瓷器多是定制的，预先付款，因为在中国不使用这类瓷器，中国人只拿它来出口，而且不论损失多少，也是要卖掉的。"

随着中国瓷器的大量输出及贸易带动海外移民的增加，中国陶瓷制造技术也逐渐传播到海外。

 **扩展阅读　金托玉爵**

喜好玉器是中华文明的特点之一，早在5000年前的新石器时代后期，我国已经有了大批的精美玉器，考古发现的玉质酒器最早者属于汉代，但《礼记·曲礼》记载说"饮玉爵者弗挥"，似说明周代已有玉质酒杯。后来历代都有玉酒器，而且品种很多，古诗词中见到的便有十来种，如"明当罚二子，已洗两玉舟"（苏轼《次韵赵景贶督两欧阳破陈酒戒》诗）、"渠碗送佳人，玉杯邀上客"（南朝·谢朓《金谷聚》诗）、"置酒满玉壶，四座且勿饮"（白居易《议婚》诗）、"不怕道狂挥玉爵，亦曾乘兴解金貂"（白居易《吴秘监每有美酒独酌独醉但蒙诗报不以饮招辄此戏酬兼呈梦得》诗）。在出土文物中玉质酒器已见有卮、杯、角杯、耳杯、盏、爵等，其中，最名贵的玉爵当属明代定陵出土的金托玉爵。

这件金托玉爵出土于万历皇帝棺内，系采用优质新疆和田白玉制成。爵口呈元宝形，流宽短，尾亦宽短而有尖，深腹，圜底，口沿上流尾之间竖立一对蘑菇状矮柱，柱顶刻水涡纹。三足呈圆柱状，爵鋬雕作爬龙状，龙屈身弓背，后爪蹬爵腹，前爪攀爵口，龙腹与爵身之间的空隙恰好可容插入

一手指，形象生动，美观实用。爵流和爵尾的外壁各雕一正面龙，龙的前爪上各托一字，流部的是"万"，尾部的为"寿"，合起来是"万寿"，寓意万寿无疆。两龙之间刻一组四合如意云纹，三条爵足的根部各刻一如意云纹。该爵选料上乘，雕工精湛，花纹庄严对称，气势不凡。作为爵鋬的立雕龙，生动活泼，富有动感。通高11.5厘米，口径长13.2厘米，重396克。

此件金托玉爵呈浅盘状，中央凸起一树墩形爵座，顶设三孔，玉爵之三足刚好插入三孔内，爵座的外表錾刻怪石险峰，其上点缀红、蓝宝石各三块。托盘的口沿上刻云朵纹，等距镶嵌红、蓝宝石各六块。托盘底部为沙地，浮雕花纹，主题纹饰为二龙戏珠，龙首之间为火焰宝珠和云朵，龙尾之间是海水江崖，共镶嵌红、蓝宝石各4块。托盘高1.5厘米，口径19.7厘米，爵座高6.5厘米，总重约500克。

这件金玉结合的御用宝物，价值不可估量。它选用了最为贵重的材料白玉、黄金、宝石，在造型设计上又煞费苦心，功夫深厚：玉爵的形制仿自古铜爵，配上妙趣横生的龙形鋬和双龙花纹"万寿"款识，已是常人不可仰视之宝器；金托的造型设计，意在表现龙腾蛟游的江海之中，耸立着一座仙山，险峰重叠，富蕴宝藏，而玉爵则稳置于仙山之上。爵在古代是权位的象征，"万寿"玉爵骑立于江海中的仙山奇峰之上，应是寓意"稳坐江山""万寿无疆"。因此说，该器不仅有皇家的奢华，而且极富王者气概。

在万历帝棺中，还出土一件与金托玉爵非常相似的金托金爵，爵高10.3厘米，托盘口径15.9厘米，总重531.5克，含金量95%。爵及托盘上饰浮雕龙戏珠，镶嵌有红宝石15块、蓝宝石10块、珍珠5颗，另外还有珊瑚、犀角等八宝装饰，是一件稀世珍宝。

第四章

寻山探海
——明代的航海与地理文明

明代在地理领域的探寻可谓功不可没。明代航海与造船文明的发展也是相辅相成的。明末,地理学家和旅行家徐霞客,足迹遍及中国东部、中部、南部及西南部。他的全部考察日记后经友人整理定名为《徐霞客游记》,是世界科学史上最早出现的关于岩溶地貌研究的宝贵文献。除此之外,还有很多对中国明代地理探寻做出贡献的人物,在我国地理文明长河中留下了深深的足迹。

领先世界的造船术

明代，在元代海外贸易和国内水上运输大发展的基础上，不论在海上航线的开辟或国内漕运的经营上，都有所发展，造船能力有增无减。

明代先进的造船技术，突出表现在航海船体积的增大上。据《明史·郑和传》记载："宝船六十三号，大船长四十四丈，阔一十八丈。"郑和下西洋的船舶分为五类：宝船、马船、粮船、坐船、战船。其中宝船最大，九桅，长44.4丈，宽18丈。明代一尺约合今日0.311米，依此推算，则下西洋宝船船长约138米，宽约56米。这种巨型海船，别说中国历史上亘古未有，即使在当时世界上也是首屈一指、无与伦比的，它是中世纪中国造船业在全世界遥遥领先的明证。

首先，要建造这样的巨船，必须有与之相适应的造船设备、巨大规模的造船厂和海港。这在郑和时代是实现了。南京龙江宝船厂，就是当时大规模的造船基地和停泊中心之一，迄今这里还留有"上四坞""下四坞"水道等设施遗迹。福建长乐太平港，是当时下西洋的基地港，郑和七次下西洋的船队，每次都在这里驻泊，短则二三个月，长则十个月以上，在这里修造船舶，选招随员，候风开洋。这样的造船基地和大港，在当时世界上是绝无仅有的。据《西洋番国志》载，宝船所至西洋诸国。

其次，建造这种巨型海船，必须成功地解决抗沉性、稳定性等问题。宝船的设计者按前人的传统经验，将船体宽度加至56米，使船体的长宽比值为 2.45 左右，从而避免了因船身过于狭长而经不起印度洋惊涛骇浪的冲击发生断裂的危险。这样的船体结构设计，是相当合理的。为了保证 56 米船宽那样大幅度的横向强度，从而增强船的抗沉性和稳定性，增强了纵摇的承压力。近年在泉州湾出土的宋代海船，长 11.4 丈，宽 3.3 丈，比郑和的宝船小得多。

再次，这种巨型航海船一定成功地解决了板材及纵向构造的连接问题。近年来有学者根据宝船的尺度，从船体强度理论研究，推算出为承受纵向总弯曲力矩，船底板和甲板的厚度分别约为 340 和 380 毫米。它告诉人们，只有用这样厚的板材建造长 138 米、宽 56 米的巨船，船体强度才能得到保证。另外，泉州出土的宋船曾采用榫接、铁钉加固、船板缝隙中填塞捻合物的办法，来保证船的坚固性和水密性。宋代这种先进的造船工艺，必然为郑和时代的造船师所承袭并得到一定程度的发展。

最后，要实现上述这一切，造出下西洋的宝船，必须有统一的管理，多种行业的人才，细致地分工，高度地合作，必须有强大的财力、物力作后盾。所有这一切，在郑和时代是统统实现了。郑和七次下西洋宝船的诞生，是明代造船业继唐宋以来进一步得到发展的明证。随着生产力水平的日益提高，造船技术的不断进步，在明初特定的历史条件下，为适应政治、经济等多方面的需要，明代造船家们突破了前代的造船传统，成功地建造了中国历史上最长最宽最大的宝船，这不能不使人想到，七下西洋的非凡组织者郑和，在当时发达的造船事业中理所当然地要占首功。

造船业文明的顶峰

明代沿江濒海地区的造船业则更趋发达，不但造船的批量多、质量高，而且传统木帆船的制造技术达到了空前的程度。明代的造船厂遍及全国濒海临江的地方，主要有宝船厂、龙江船厂、卫河船厂、清江船厂等。其中，最有名者是建造"入海取宝"的宝船厂和龙江船厂。

福建设有五虎门船厂，广东新会设有东莞船厂，同时太仓、临清、直沽、辽东、吉林等地也都有造船厂。种类有海上远航用的大型海船，海上或江河作战用的战船，运粮的浅船、航行江河的快船等。

1. 南京龙江船厂

南京龙江船厂是当时最大规模的造船基地和船舶中心之一，厂地广阔，船造成后直接在长江下水。厂内分工明确，除船主体工厂外，附设细木、油漆、铁件、蓬作、索作、缆作等作坊。还设有龙江宝船厂，专门为郑和下西洋制造大型海船。据《龙江船厂志》载，"洪武初，即都城（今南京）西北隅空地开厂造船""其地东抵城濠，西抵秦淮街军民塘地，西北抵仪凤门第一厢民住官廊坊基地""南抵留守右卫军营基地，北抵南京兵部首蓿地及彭城伯张田"。初建时，占地800亩，最大时占地8000亩，有大型作塘（船坞）6个，所造船舶可循之入长江。宝船厂旧址在龙江关，约现在的南京下关三汊河一带。2005年7月，此地辟为南京宝船厂遗址公园，至今仍留有"上四坞""下四坞"水道等设施遗址。

宝船厂不仅占地宽广，实力雄厚，而且，人员众多。"洪武、永乐年间，起取浙江、江西、湖广、福建、南直隶（今江苏）滨江府县居民四百余户，来京造船"，并按明代城市居民的坊厢编制，各以专业。"编为四厢，一厢出船木梭橹索匠，二厢出船木铁缆匠，三厢出舱匠，四厢出棕篷匠。"郑和下西洋时的各类宝船，主要由宝船厂以及闽浙沿海的船厂所造。

2. 漕运船只

各地造船工厂生产最多的是运输船只。明永乐年间迁都北京，漕运粮食的船只大增，漕粮由江南运往北方。先用近海的海船，由一段海运再辗转运到京城，用河船经过运河北运。粮船分两种：一种为遮洋船，另一种为浅船。前者用于海运，后者用于河运。

明初造船业的制造技术和船只生产量都居于当时世界各国的前列，当时的造船机构也是发展水平较高的手工业部门。据《明成祖实录》记载，仅以永乐皇帝历年为下西洋准备新造的海船数量为例，就可以看到明代前期造船业的水平。永乐十三年（1415年），南北大运河疏浚工程竣工，除保留一部分海船维持海漕外，水上运输开始转移到运河漕运。据《大明会典》载，永乐十三年为准备内河漕运，令湖广建造浅船2000余艘。等到南北大运河正式通航后，又增建3000艘，总共造船5000艘。

《明史·食货志》载："初，船用楠杉，下者乃用松。三年小修，六年大修，十年更造。"这些记载无不显示了明代水运管理和造船业的规模。除由各都司分段管辖的运船外，还有直接为朝廷差遣的运输船，这种专船外身涂有皇室专用的黄色，故称"黄船"，仅黄船就有998艘之多。

北方四司每年更新添造的船只共需686艘，由清江船厂与卫河船厂负责督造补充。《漕运志》有这样的记载："每年清江、卫河各厂改建粮船约有七百余只。"据《大明会典》载："今例，清江提举司每年核造六百八十只。"

3. 造船数量

明代，每年规定的船舶更新数是总船量的10%，据此可以估量，仅河漕船一项每年需造8185艘新船。据《明实录》载，洪武五年（1372年）令南京造遮洋海船180艘，景泰二年（1451年），令江西、南直隶造遮洋海船180艘，景泰五年（1454年）令浙江造备倭海船440艘。这些都是正项以外的临时差役，但都能按期完成，足见明代分设在各地的造船基地施工能力的雄厚，从造船数量上反映了造船事业发展到了鼎盛局面。正是由于这种巨大的造船能力才能够支持郑和远洋船队七下西洋，在世界航海史上写下了前所未有的辉煌纪录。

 航海史的壮举：郑和下西洋

在欧洲人"地理大发现"之前半个世纪，我国回族航海家郑和，曾率庞大的航队群经南洋群岛至印度洋沿岸的几十个国家，直到非洲赤道以南的东部海岸。这不但是我国航海事业的空前成就，也是中世纪世界航海及地理史上的壮举。

郑和（1371—1435年），本姓马，小字三保或三宝，云南昆阳（今云南晋宁县昆阳镇）人。郑和是他做了宦官后的名字。其先人是元朝贵族，从新疆迁入云南。世代信奉伊斯兰教。祖父马哈只（对到达过麦加城朝圣人的称呼为哈只）赢得当地教徒的尊敬。马三保幼年曾学过阿拉伯语，有一些外洋知识。沐英带兵攻入云南，他被掳，当作一个小礼物送给朱元璋，约

10 岁做宦官，后又转到燕王府。朱棣为了夺取天下，结交宦官，他帮助朱棣夺取天下，出入战阵，多建奇功，受到朱棣重用，派他为正使，率队出使西洋。

他从永乐三年（1405年）起到宣德八年（1433年）的 29 年间，先后七次率船队出使西洋。第一次在公元 1405—1407 年间；第二次在公元 1407—1409 年间；第三次在公元 1409—1411 年间，都到达了今巴基斯坦的印度河口一带。第四次在 1413—1415 年间到达了波斯湾；第五次在公元 1417—1419 年间；第六次在 1421—1422 年间，远达今非洲东海岸的赤道以南地区；第七次在公元 1431—1433 年间，主舰队止于波斯湾，分舰队到红海等地方。第八次由副使王景弘率领，远航路程没有超出前面几次的范围。郑和第七次航海归来，已经是 63 岁的老人，到第八次航行时（1435 年）他已逝世。

郑和下西洋图片

郑和领导的中国 15 世纪初的远航活动，其规模庞大，应用国家的权力，集中了优越的技术力量和物质力量。航队中有大型海舶 62 艘，大船长 44 丈，宽 18 丈，可容纳千余人，加上中、小船只，航队多达 200 余艘。出海人员除官员、军队外，还有舵工、班碇工、铁锚匠、木匠、搭材匠、水手、民艄等等。此外管理人员有"办理""书算手"，负责翻译的"通事"以及随行医生等。以第六次航海为例，人员多达 27800 人。这在中世纪是世界上最庞大的和最强大的一支联合舰队了。

明政府派遣这样大规模的航队远航，其目的是"宣示德威"，使沿海各

国承认明王朝是"天朝"的中心地位，所以舰队带着大量的金、银、瓷器、茶叶、铁制农具等"赐给君长"，使"诸邦咸听命"。果然，不少国家"皆遣使朝贡"。其中今菲律宾附近的"苏鲁东王"等三个王于永乐十五年（1417年）到北京朝贡。在归途中，东王病死于今山东德州。（《苏鲁东王碑》）永乐帝以王礼葬之。途经各国进贡奉献的是香料、珍禽异兽和"无名宝物"。当时强调的是政治作用，对经济利益很少考虑。这就为今后航海事业的进一步发展，潜伏下了危机。在客观上，郑和下西洋，随船队的诸国使者，前来中国通商求好，差不多每一次航行都带来外国使臣，又在下一次航行中送回本国。这样前后30年间，增进了中国和印度洋沿岸各国的了解，沟通了彼此之间的往来，开辟了中国的海外市场，也促进了中国封建社会内部的资本主义经济萌芽。也有一些中国人带着先进的生产技术和封建文化，移居南洋各国，促进了南洋各国社会经济的发展。

他们的航路，一般从江苏附近的太仓港出发，经越南归仁附近的占城、爪哇、满剌加（马六甲）、苏门答腊、真腊（柬埔寨）、暹罗（泰国）、锡兰（斯里兰卡）、榜葛剌（孟加拉）、溜山（马尔代夫群岛）、柯枝（印度西岸柯钦）、忽鲁谟斯（伊兰霍尔木兹）、阿丹（亚丁）、天方（麦加）、木骨都束（非洲索马里摩加迪沙）、卜剌哇（索马里布腊瓦）、麻林（肯尼亚马林迪）、慢八撒（肯尼亚蒙巴萨）等地。他们多次往返于南海、印度洋、阿拉伯湾、红海间，到过30多个国家。其规模之大，人员之多，航海时间之长，足迹之广，是世界航海史上前所未见的壮举。

每次远航，沿途都作了详实的记录。可惜这些原始档案，在明代成化年间散失了。现在茅元仪著的《武备志》中，还保存了郑和航海图。图中关于航行的方向、航程的远近、停泊处及暗礁、浅滩的分布，都记录确详。还有一本航程中罗盘针所指方位的"碱位编"是当时的航海手册。此外留传至今的还有当时随行人员马欢的《瀛涯胜览》、费信的《星槎胜览》等书。

马欢，别号宗道。浙江会稽（今绍兴）人。西域天宁教徒（伊斯兰教徒），通晓阿拉伯语。他因此膺先"三入海洋，遍历番国"。他于公元1409年启航，经第四次、第五次和第六次随郑和远航，"于是采摭各国人物之丑美，壤俗之异同，与夫土产之别，疆域之制，编次成帙"，于公元1416年成书。他亲身经历记录了约20国的民族、宗教、风俗、物产、服装、房屋等以及郑和等使节对各地君长的赏罚、交易活动。沿途路径、行船的针向、风向等等。

费信，年仅14岁，代兄从军。"偷时借书而习读"，22岁，选往西洋，数次随征。即相当于随郑和第二次、第四次和第七次出使西洋，历时共22年。依见闻和有关资料写成《星槎胜览》。他在序中说："历览诸番人物，风土所产，集成二帙，……前集者亲监目识之所至也；后集者采辑传译之所实也。"他到达过22国，记录了行程经历和见闻。

另外，《武备志》中保存了《自宝船厂开船从龙江关出水直抵外国诸番图》共20幅。其图航线以南京为起点，最远达非洲东海岸肯尼亚的蒙巴萨。从南京出发至苏门答腊的航线有罗盘路针和星辰定向的记载。此外还记了路程停泊处、暗礁浅滩。标有地名达500多处，其中外国地名300多处。此图用写景法绘制。它是当时我国海外地理知识水平的体现。它是我国现存最早的亚非航海图。在中国乃至世界地图史上都占有重要地位。明代学者茅元仪称此图"详而不诬"。英国科学技术史学家李约瑟在《中国科学技术史》书中，称此图为"是一幅真正的航海图"。

总之，郑和领导的远航，丰富了我国有关海洋的地理知识。特别是海洋地形、海水深度、海洋气候和沿印度洋、南海的海岛、半岛、礁石及其风土、人文的地理知识。郑和等人的远航，无论组织规模、航海技术和掌握海洋地理知识方面，都代表了当时的最高水平。可是由于在封建统治者，在封建的重政治、轻经济的指导思想之下，此项伟大事业，给国内带来的经

济利益远赶不上给政府增加的沉重经济负担,所以当时就被指责为"弊政"。到了成化(1465—1487)年间,错误地将郑和下西洋的档案全部销毁,远航使用的大型船只也不再建造了。15世纪后半叶我国的海洋事业由先进转向落后。欧洲此期曾利用学到手的罗盘指南针,"发现"了新大陆,促进了世界市场的形成,完成了从封建社会向资本主义社会的过渡。

知识链接

《郑和航海图》

《郑和航海图》是明代航海技术的一大成果,此图见于明代茅元仪编辑的《武备志》,原名《自宝船厂开船从龙江关出水直抵外国诸番图》,它是中国地图学史上最早的航海图,也是郑和七下西洋的伟大成果之一。全图以南京为起点,最远到东非肯尼亚的慢八撒,即南纬4°左右为止,包括亚非两洲,图中所收录的地名达500多个。因此,它是15世纪以前中国记载亚非两洲内容最丰富的地理图籍。

航海中的科技文明

明代航海将天文航导、罗盘导航、陆标导航、测量水深和底质等导航方法结合起来,从而使航海技术又向前大大迈进了一步。

明代,我国四大发明之一的指南针的开发及用于航海,较宋又有了新的进展。北宋宣和元年（1119年）的《萍洲可谈》中有"夜则观星，昼则观日，阴晦观指南针"之句。

郑和船队有随员巩珍在他的《西洋番国记》中记载："往还三年，经济大海，绵邈弥茫，水天连接。四望迥然，绝无纤翳之隐蔽。惟观日月升坠，以辨东西，星斗高低，度量远近。皆斫木为盘，书刻干支之字，浮针于水，指向行舟。经月累旬，昼夜不止。海中之山屿形状不一，但见于前，或在左右，视为准则，转向而往。要在更数起止，计算无差，必达其所。"

1. 陆标、罗盘等结合使用

近海航行时，把陆标与罗盘结合起来，"用丹乙针，一更，船乎吴淞江"。《郑和航海图》即以吴淞江为陆标，用罗盘时刻校正船只的航向，使之与吴淞江保持平行。这种航海技术在当时世界上是相当先进的。外国航海家们一直到15世纪末还是靠观察南半球可见的南极星同其他星宿高度这样简单的仪器来测定航行方位的。

当时人们已将航海技术推进到了"定量航海"阶段，对于西太平洋与北印度洋上的气象、水文态势及变化规律已有相当清晰的认识及熟练的应用。他们掌握了全天候的磁罗盘导航技术，并将之与惯行航线有机地结合起来而形成了"针路"，还提供了各种行之有效的航路指南与航用海图。他们已拥有通过观测天体方位与高度，来基本判认船舶所在纬度的天文定位技术。他们在船艺方面，对于在各种风向下的驶帆术以及测深、用锚、使舵等各种航行技术都已达到了相当高超的水平。这些技术的掌握，使得郑和船队在"洪涛接天，巨浪如山"的汪洋大海上，"云帆高张，昼夜星驰，涉彼狂澜，若履通衢"。

2. 航向方位测定，罗经指示航向与方位

郑和下西洋中以罗经指示航向与方位。当时将罗经划分为24个方位

（用12个地支和8个天干以及八卦中的艮、巽、坤、乾4字表示），每个罗经字占15°，称为单针（也有人称丹针），如单乙针为105°，单申针为225°。为了划分得更细一些，又增加了夹缝针，即两个字之间的分界线的方位，如丁未针为202.5°。

除了在《郑和航海图》中记载的航向、航程外，尚有舟师个人记录的更为详尽的针路簿。此针路簿可能就是类似于现代船舶上的"航海日志"，记载与航行有关和航向、航程、导航和定位的数据，以及当时的天气、风流等内容。

船舶航行中必须测定出船位才能确保航行安全。郑和船队使用的定位方法有对景定位、测深辨位和天文定位方法。

对景定位。当时只能用"取"和"平"的简单办法，"取"即船首对准某一物标（舷角是0°）来概略测出船位，这种方法实际上就是现代两标方位定位的特例。

测深定位。测深辨识船位是中国早期航海家采用的方法，早在北宋时，《萍洲可谈》中就有记载，用"十丈绳钩取海底泥，嗅之，便知所至"。这是将测得的水深和提取底质相互对照后，便可以推断出船的位置。

天文定位法。在一望无际的大洋中，这是利用观测天体的高度来测定船位的一种方法。古人对天象的观测、天体的运行早就有详尽的记载。人们将天上的星座位置和地上的位置相对应，有了天文定位的萌芽，先由观星定向，进而发展到测量星体距水天线的高度测定船位。天体景象和运动规律随着季节不同而改变，但在每年同一季节里，在同一地点的星高和位置是基本相同的。

3.利用季风航行

我国东南沿海冬季多吹西北至东北的偏北风，夏季多吹西南风，利用季风航行是古代航海技术的标志之一。

郑和船队便是利用季风的有利条件远航的,即利用东北季风出航,利用西南季风返航。我们从郑和七下西洋的出国与归国的时间就可以推测这个规律。

郑和船队的航行,除了利用季风外,还利用季风而产生的风生流(方向与季风的吹去方向相近)来增加航速。但是若船的航向与风流的方向成一定角度时,因受风流的压力而向下风流的方向偏移。这种偏移的角度称为风压差、流压差。由于风流压差的存在,在设计航向时必须将这一差角加以修正。

船队随季风往返,到达一海区的时间和季节是基本相同的,这对测天定位带来方便。他们根据所观测到的天体高度,通过航行实践知道到达某一个地点或港口,观测星的高度就可以作为下一次航行时的观测参考。船队的测天仪器叫做"牵星作",其所测高度单位称为"指"。

由于一次又一次地远洋航行,明代人逐渐摸索出了远洋航行安全、固定的航线。

 郑若曾的"筹海抗倭"思想

郑若曾是我国明代一位以抗倭筹海著称的学者,又是一位著名的地理学家。他的著作多种,被收入《四库全书·地理类》,定名为《郑开阳杂著》,对学术界有比较广泛的影响。

郑若曾字伯鲁,号开阳,昆山县人。郑文康的玄孙。嘉靖初,为贡生。

少年时代，曾师事魏校，后又师湛若水与王守仁，有经世之志。读书重经世致用。

他的著作有《万里海防图论》《江防图考》《日本图纂》《朝鲜图说》《安南图说》《琉球图说》《海防一览图》《海运全图》《黄河图议》《苏松浮粮议》等。收入《四库全书》时，汇作《郑开阳杂著》。《四库全书提要》说："此十书者，江防、海防形势，皆所目击，日本诸考，皆咨访考究，得其实据，非剽掇史传以成书，与书生之纸上之谈固有殊焉。"

郑若曾是以佐胡宗宪抗倭著称的学者，所以在他的著作中，对海事特别关切。而且多从战略形势、强固海防的角度来研究问题。比如在第二卷中，他就详细论述了论海道之利、论海塘之设、论烽堠之要、论财赋之重、论御倭之法以及论练兵之法等问题。从地理学的角度来看，以论海运之利与论海塘之设最有意义。

郑若曾十分重视海运，而对于运河航运，则持保留态度。他在《论海运之利》中写道："海运之法，自秦已有之。而唐人亦转东吴粳稻，以给幽燕。……用之以足国则始于元焉。"《明史·河渠志四》论"海运"有云："民无辗输之劳，国有储蓄之富。以为一代良法。……况今京师所用，多资南方货物，而货物之来，苦于运河窄浅，舳舻挤塞脚费倍于物值。此策（指发展海运）既行，则南货日集于北，空船南回者，必须物实，而北货亦日流于南矣。故今日富国足用之策，莫大于此。"

海运既然有许多优点，为什么海运得不到发展呢？问题在于海运有一定风险，粮米有较多的损耗，船只也有一定的损失，转运者又无利可图，苦于应差，所以宁走运河，不愿走海上。

郑若曾论述道："间考元时海运故道，南自福建梅花所起，北自太仓刘家河起，迄于直沽，南北不过五千里，往返不逾二十丑。不唯转输便捷，国家有经费之繁，抑亦货物相通，滨海居民，咸得其利，而无盐盗之害。

自永乐以来，会通河成，海运遂废。运者皆由漕河，所以避海洋之险也。海险莫甚于成山以东、白蓬头等处，危礁乱矶，湍流伏沙，不可胜纪。然在熟识水洪者，自可趋避，今黄河渐徙而南，或冲而北，屡为漕患。愚意亟宜修复海运旧制。召募沿海渔人、灶丁、盐徒、番客，寻认海洪，以开运道。而以沙民朱清、张瑄为之使，且又禁网疏阔，能与民间同其利。至国初（明代初年），迁都北平，议行海运，编定里甲，递年轮差，夹带私盐者没入之，更真以法。且造船多不如式，督运多不得人，故乡民数逢其害，咸以为不便。诚如元时故制，诏募沿海巨室，自备人船，海运每运米万石，给予耗米、行粮四千石，许载私货回盐，以酬其劳，连年有功者，量授以官，人谁不乐效用乎！"这番议论，应当说是很有道理的。

其实明代停止海运，除了风险大、损失多以外，倭寇对沿海的袭扰也是一个重要原因。作为筹海抗倭的郑若曾来说，当然是很了解的，只是在这里他根本没提起这件事。

书中郑若曾用了较大的篇幅，讨论了御倭之法，讨论了练兵之法，介绍了日本国的情况，叙述了倭寇的危害。他说："近数年来，弘肆剽掠，滨海郡县，荡为丘墟。"故"今日急务，备倭为第一要义"。

在《论海塘之设》一文中，郑若曾简述了筑塘的历史及海塘的作用，希望引起有关方面的重视。他写道："海塘之制，本为捍御咸潮害稼而设。自春秋时范蠡筑圩田之后，东南田利渐兴，财赋渐盛。至唐开元间，于此筑捍海塘。其长起于嘉定之老鹳嘴以南，迄于海宁之澉浦以西，高如城垣，内外皆有塘沟相夹。自设此塘之后，而松、嘉、杭无入海水日。……因塘旧迹有堙有存，故表而出之，庶于防御有裨云。"

《郑开阳杂著》有图有说，图说结合。图幅较多，且绘制精细，是其他地理书所远不能及的。文字说明，也比较概括简洁，说理明白，确是一本很有价值的地理著作。

知识链接：

《筹海图编》——胡宗宪

胡宗宪，字汝贞，号梅林，绩溪人（今安徽省绩溪县），嘉靖进士，生年不详，推算大约在公元1490年前后，曾著有《筹海图编》十三卷，亦被收入《四库全书》地理类。《筹海图编》首载舆地全图，沿海沙山图，次载王官使倭略，倭国入贡事略，倭国事略，次载广东、福建、浙江、直隶、登莱五省沿海郡县图、倭变图、兵防官考及事宜；次载倭患；总编年表；次载寇踪分合图、次载大捷考；次载遇难殉节考；次经略考。从内容上看，简直可以说是明代的一部海防地理或沿海军事地理。

地理探索先驱：徐霞客

徐霞客（1587—1641年），名弘祖，字振之，霞客是他的别号。明朝末期地理学家、探险家、旅行家和文学家。《徐霞客游记》是他一生最杰出的作品，开辟了地理学上系统观察自然、描述自然的新方向；既是系统考察祖国地貌地质的地理名著，又是描绘华夏风景资源的旅游巨篇，还是文字优美的文学佳作，在国内外具有深远的影响。

在徐霞客对地理学的一系列贡献中，最突出的是他对石灰岩地貌的考察。他是我国也是世界上最早对石灰岩地貌进行系统考察的地理学家。徐

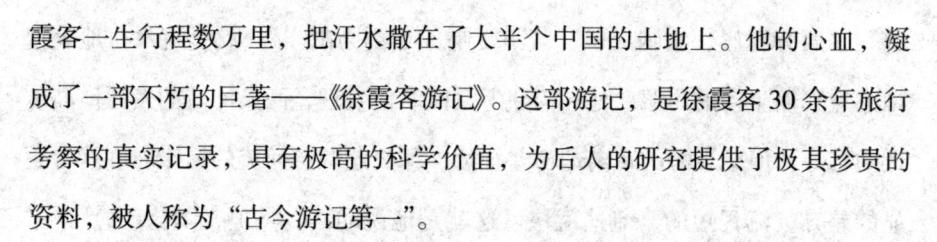

霞客一生行程数万里，把汗水撒在了大半个中国的土地上。他的心血，凝成了一部不朽的巨著——《徐霞客游记》。这部游记，是徐霞客30余年旅行考察的真实记录，具有极高的科学价值，为后人的研究提供了极其珍贵的资料，被人称为"古今游记第一"。

英国科学史专家李约瑟也赞叹说："他的游记读来并不像是17世纪的学者所写的东西，倒像是一部20世纪的野外勘察记录。"

综观游记，似乎可以把徐霞客对地理学的贡献归为地貌和水文两个方面。特别是对石灰岩地貌的考察和研究，贡献尤大。从时间上看，他比欧洲最早对石灰岩地貌进行考察和描述的爱士倍尔早一百多年，比欧洲最早对石灰岩进行系统分类的瑙曼早二百多年。从考察的广度和深度来说，他的业绩不但在我国，而且在世界地理学史上也是空前的。在西南地区，他用了三年的时间，对石灰岩地貌进行广泛详细的考察，对峰林、圆洼地、溶水洞、地下暗流的特征和成因，都作了生动而确切的描述。他所描述的也不限于个别现象表面和孤立的考察，实际上已经涉及到岩石性质和地质构造的范围了。他一丝不苟地探查了一百多个岩洞，详尽记载了岩洞的分布情况以及它们的高度、深度和宽度，并对石笋、石钟乳的形成作出了符合科学的解释，认为那是由于滴水蒸发后的炭酸钙凝聚而成。他说："崖间有悬千虬枝，为水所淋漓者，其外皆结肤为石，盖石膏日久凝胎而成。"他根据自己观察到的各种现象，对石灰岩地貌进行类比总结，指出了不同区域间的区域特征，也厘订了一些名称。徐霞客是在当时整个世界上的、科学的地理学、地质学都还处在萌芽状态的情况下，对石灰岩地貌进行卓有成就的研究的，可见他知识的渊博和贡献之重大。

徐霞客在水文方面的贡献也很重要。他经过深入的实地考察，正确地指出金沙江才是长江的上游，这就纠正了一千多年来以岷江为长江上游的传统说法。对流水侵蚀作用，他也有很多科学的观察，"江流击山，山削成

壁""两旁石崖,水啮成矶""山受啮,半剖为削崖",就是流水对地表侵蚀的逼真而生动的写照。他在福建考察的时候发现,两条河流的发源地高度大约相等,但是入海的距离却相差很远,那么这两条河流的河床坡度就有明显的差异,流程短的,流速就快。这就是他说的"程愈迫,则流愈急"。这些见解都是符合科学的。

总之,三百多年前,徐霞客对流水侵蚀作用的理解是正确的,对西南石灰岩区域的考察,已经从一般表象的观察进入到更深入一步的研究阶段。虽然他还没有写出从理论上加以总结的文章,但是,他已经朝这个方向迈出了可喜的一步。

最早分省地图集:《广舆图》

作为著名地理学家的罗洪先,他的最重要贡献是他编绘的《广舆图》。他在研究地图学的过程中,深感朱思本的《舆地图》图幅太大,不便舒卷,便设法进行改革,

"据画方易以编简"。他用计里画方的方法,把朱思本绘制的长广各七尺的图卷,改编成分幅清绘的地图册。这样不仅便利了地图的使用和阅览,同时也为地图的刊印和保存,提供了有利的条件。也就正因为这样,朱思本的《舆地图》早已不复存在,而罗洪先的《广舆图》却得以完好地保存下来。现在北京图书馆保存有明万历年间的刊本,南京图书馆保存有明嘉靖年间的刊本。

关于《广舆图》编制的缘起和经过，罗洪先在增补《广舆图自序》中有详细的叙述。他说："尝遍观天下图籍，虽极详尽，其疏密失准，远近错误，百篇而一，莫之能易也。访求三年，偶得元人朱思本图。真图有计里画方之法，而形实自是可据。从而分合，东西相俟，不至背舛。于是悉所见闻，增其未备。因广其图，至于数十，其诸沿革统驭，不可尽载者，咸具副纸。山中无力僱书，积十余寒暑而后成。"可见这个地图，是罗洪先以十多年的时间，增广朱思本原图而成的，它凝聚了罗洪先十几年的心血。

罗洪先改编增补重绘后的《广舆图》，从内容到形式，都有很多明显的改进。从内容上来看：罗洪先按照明代现行疆域政区，对朱思本的地图加以考订和增补。首页是总图，也就是明代全国疆域政区图。后面是分区地图。以省区为单位，共十七幅。计有南北两直隶，十三布政司（即省），它们是山东、山西、河南、陕西、四川、江西、湖广、浙江、福建、广东、广西、云南、贵州。九边图十一。洮河、松潘、虔镇、麻阳诸边图五。黄河图三。漕河图三。海运图二。朝鲜、朔漠、安南、西域图四。另外还有"凡沿革附丽，统驭更互，难以旁缀者，各为副图六十八"。这些地图，除了两直隶、十三布政司图是根据朱思本《舆地图》改编以外，其余图幅，都是罗洪先按照明代新的政区和新的资料画成的。这样就使得地图的内容更加充实，山川湖泊、州府县卫的方位更加准确清晰。

从形式上来看，罗洪先的《广舆图》，可以说是我国最早的一本全国分省地图集。现在看来，也可以说是一本明代历史地图集。它改整幅为分幅，改图卷为图册。这就大大改善了地图保存、使用和刊印的条件，使雕版印制成为可能。另外特别值得指出的是，我国明代以前的地图，向无图例，而罗洪先在《广舆图》中，绘制了二十四种各式图例，如山脉、海水、城垣、关塞等，统一符号表示，这就大大改进了绘图的技巧和表示方法；同时增强了地图的直观性和鲜明醒目的程度，使许多内容，可以借助形象符号，使阅者一目了然，这是罗洪先在《广舆图》的编绘中，一个重要的改进。

罗洪先还根据当时形势的需要，突出了边防、海防方面的内容。明代末年，北方有外族的袭扰，沿海有倭寇的侵犯，威胁着国家的安全。罗洪先在深入研究了大量历史地理图籍之后，编绘了边防、海防地图，供抗倭和御边之用，这是很有远见的。

罗洪先对图中的文字说明也很重视，每幅图上都附有表解和文字说明。简要叙述各地区的沿革、形势、州府县界和人口赋税等方面的情况，做到了有图有文，图文结合，互相对照。

罗洪先的《广舆图》，是继承了我国古代地图学的传统制成的，它又对以后地图事业的发展产生了深远的影响。从明末到清初聘请西方教士测绘全国地图以前，这期间编绘的各种地图，大都是在罗洪先《广舆图》的影响下绘成的。如明万历年间汪作舟的《朔漠图》，明崇祯年间陈组绶编绘的《皇明职方地图》，都是在罗洪先《广舆图》的基础上绘成的。就是清代康熙、乾隆年间绘成的《内府舆图》，也吸收和采用了罗洪先《广舆图》上

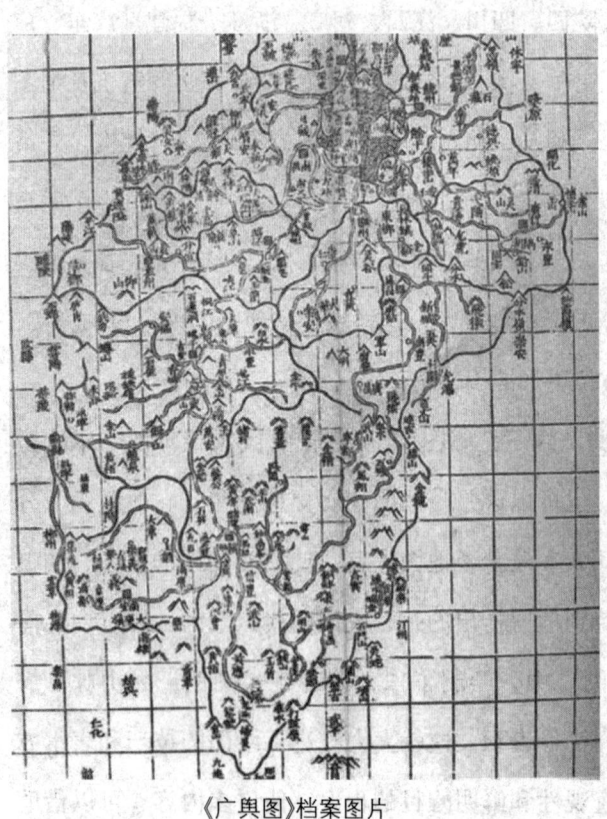

《广舆图》档案图片

的图例。应该指出的是：陈组绶在罗洪先《广舆图》的基础上，又作了不少改进，可谓集元明舆图之大成。他利用了朱思本、罗洪先、桂萼、李默、许论、郑若曾以及余寅七家地图成果，编绘成大下大一统图二，两直隶十三布政司图十五、新旧九边图、七镇图十五、山川图四、河漕海运图二、海防图一、太仆统辖图一，以及朝鲜、朔漠、安南、西域、岛夷图等。

据记载，《广舆图》于明、清两代，曾先后刊印过四五次。最早是在明嘉靖四十年（1561年），由胡松刊印；嘉靖四十五年（1566年）由霍冀、韩君恩翻刻刊行；明万历七年（1579年）由钱岱再次刊印；此外还有清初翻刻钱岱本和清嘉庆四年（1799年）章学濂重新翻刻明万历本等。由于多次刊行和印刷条件的不断改进，遂使《广舆图》得以广泛流传，并影响我国地图学发展达一二百年。因此，罗洪先堪称我国地图学史上一位承前启后，并有重要影响的地图学家。

 扩展阅读　　治黄巨匠：潘季驯

潘季驯是明代的督河大臣，是著名的水利学家和应用地理学家。他先后四次奉命总督治河，历时二十七年，成绩卓著，累官至工部尚书兼右都御史。曾著有《河防一览》《两河管见》《两河经略奏疏》《留余堂集》等。在我国历代治黄河史上，占有重要的地位。

1565—1592年，潘季驯的一生中，4次治河，历时近10年，一次又一次的治黄河实践，使他从一个对黄河和河工技术一无所知的人，逐步磨练

成一位治河专家，被此誉为"千古治黄第一人"。

潘季驯的地理学思想和治河方略，具体表现在他的著作中。他于万历七年（公元1579年）汇集前后章奏，及前人奏疏，纂成一书，初名《塞断大工录》，后以其内容犹未赅备，复加增削，改名为《河防一览》。全书共十四卷。

第五章

中华遗迹
——空前繁荣的明代建筑文明

明代开始，中国进入了封建社会晚期。这一时期的建筑样式，上承宋代营造法式的传统，下启清代官修的工程做法。经济的繁荣促进了各类建筑的发展。北京的宫殿、坛庙、陵墓和寺观，十三陵、天坛等，都是明朝有代表性的建筑群。明代的地方建筑也空前繁荣，各地的住宅、园林、祠堂、村镇建筑普遍兴盛，其中江南经济发达地区的建筑比较突出。

宫廷建筑的"中心"文化

明代皇宫建于京城中轴线上。这种以宫廷为中心的建筑设计，充分体现了封建社会中皇权的至高无上和中央集权统治的加强。

明代宫廷始建于中都凤阳和南京，永乐（1403—1424年）迁都时，又于北京兴建皇宫。就其建筑艺术来看，明代宫廷建筑与陵墓、园囿、寺庙乃至官邸有诸多共同之处，但其规制与建筑思想却有相当大的区别。宫廷的建筑本身便首先反映出这一文化的特征。

明代的皇宫包括外层的皇城和内层的紫禁城，紫禁城内称为大内。

"皇城外层，向南者曰大明门，与正阳门、永定门相对者也。稍东而北过公生左门而向东者，曰长安左门。再东过玉河桥，自十王府西夹道往北向东者，曰东安门。转而过天师庵草场，转西向北，曰北安门，即俗称'厚载门'是也。转而过太平仓，迤南向西，曰西安门。再南过灵济宫灰厂向西，曰长安右门……"

此外围之六门。墙外周围红铺七十二处。

紫禁城外，向南第一重曰承天之门，……南二重曰端门，三重曰午门。魏阙两分，曰左掖门，曰右掖门。转而向东曰东华门，向西曰西华门，向北曰玄武门。此内围之八门也。墙外周围红铺三十六处。每晚有勋臣一员，在阙左门内直宿，每更官军提铜铃巡之。而护城河绕焉。

在紫禁城和皇城之外，还有北京城内城和外城高大的城墙，城外并有护城河。这是作为政治（中央或地方政府所在地）、军事（边地及内地重镇）城市的特点。这是封建封闭型文化的体现。比较单纯因工商业发展而形成的市镇，则一般没有这样的坚固城池，不少江南工商业市镇的城墙是后来为防倭患而修建或加固的。

从午门开始，皇宫主体建筑仍依中轴线而排列。午门内正中为奉天门（后改皇极门），门内为奉天殿（后改皇极殿），奉天殿后为华盖殿（后改中极殿），再后为谨身殿（后改建极殿），此即所谓"三大殿"，是皇帝临朝问政之地。清代改称太和、中和、保和三殿。

三大殿之后是乾清门，门内为乾清宫，宫后交泰殿，再后即坤宁宫。此为皇帝、皇后居住之处。坤宁宫北为御花园，中有钦安殿，殿后坤宁门（后改顺贞门），其宫墙之外则紫禁城北门玄武门，清代改称神武门。

处在这条中轴线上的建筑，玄武门北为煤山（景山），再北为皇城北安门，门外再北为鼓楼、钟楼。

明代中叶以后来华的西方传教士利玛窦注意到了明代皇宫的这些建筑特点，他曾经写道：皇宫建筑在南墙之内，像是城市的一个入口，它一直延伸到北墙，长度贯穿整个的城市并且一直穿过城市的中心。城市的其余部分则分布在皇宫的两侧。这个皇帝的居处不如南京皇宫宽阔，但它建筑的雅致和优美却由于它的细长线条而显得突出。也就是说，明代皇宫乃至京城中的主体建筑，都处于城市的中轴线上，而且呈南北细长形。

经过对这一特点的科学研究，从中得到了一个令人惊奇的发现。自20世纪80年代中叶以来，有关科研单位对北京城进行高空遥感拍照，从所得照片中可以看出，从天安门到钟楼，这一细长形建筑群，俨然组成了一条龙的形状。太庙（今劳动人民文化宫）与太社稷（今中山公园）为龙头两侧双目，紫禁城、景山直至钟鼓楼可区分开龙头、龙身、龙尾，十分形象。更令人感到意外的是，在这条处于城市中轴线上龙形建筑群的西侧，还有一

条由南海、中海、北海和积水潭（后海）、什刹海组成的水龙。两条龙头都伸向棋盘街（今天安门广场一带），在龙头前面则是正阳门瓮城的圆形建筑，恰似一轮火珠，从而构成了二龙戏珠的巧妙结合。

这种建筑思想，是中国封建帝王以真龙天子自居和中国龙文化思想的体现。龙是中国传统文化中臆造的一种客观主宰物形象，是帝王统治者的象征。在封建帝王的殿宇、器物、服饰中充满了龙，这是他们所独有的，而其他人如果使用这种装饰的话，就要指为僭越。

明代宫廷建置的另一特殊之处是"中央土"的设计。即由奉天、华盖、谨身三大殿殿基组成的一个南向的土字。过去人们按照以北为上的读图观念，一直将其作为干字，因而得不到建筑文化的合理解释，将其解释为土字，则明显看出古代帝王以有土有民为得天下的思想，更进一步揭示了明代宫廷设计的文化内涵。

此外，明代宫殿建筑的厚重造型及其宫墙所用暗红颜色等等，也都是在力图制造一种庄严肃穆的气氛和心理暗示，给人以威严，用以体现皇帝的权威，造成人们心理的压迫与崇拜。由这禁城高墙围括的宫廷，构成了一个特殊的文化圈。它是中国传统社会家长制文化的集中体现。

 **明代的皇宫建制**

明代皇宫，皇城内是紫禁城。此城周长3公里，城高10米，里外均为砖砌，碧水环城，四隅建有高耸的角楼。宫城四面开门，南为午门，北为玄

武门（清代改为神武门），两侧为东华门和西华门。

午门下为城门，上修楼，平面呈"凹"字形，有汉宫双阙之意象。中间开三门，旁边各开一门，称"五门"，谐音"午门"。城楼正中九开间大厦，两边有廊庑、角亭，连同中间的庑殿重檐顶，共五个屋顶，如五只朱凤齐飞，故曰"五凤楼"。

午门内是"外朝"，由皇极殿、中极殿、建极殿，谓之"三大殿"，两边有文华、武英二殿。三大殿曾三次遭火灾，三次重建。重建后改名为奉天殿、华盖殿、谨身殿。到了清代，又改名为太和殿、中和殿、保和殿（又称前三殿）。

保和殿（即建极殿、谨身殿）后面是乾清门，里面是"后三殿"：乾清宫、交泰殿和坤宁宫。乾清宫是皇帝的寝宫，皇帝、皇后生活居住的地方。

后三殿东西两边即为"后宫"，东六宫及西六宫。

前三殿的主殿太和殿（即皇极殿、奉天殿），在清代康熙年间两次重建，其建筑形制为所有建筑的最高等级：重檐庑殿顶，上设黄色琉璃瓦，屋角走兽数共十个，是所有建筑中最多者。清代时，这里是大朝之场所，每年元旦、冬至、万寿三大节及庆典、朝会、宴飨、命将、颁朔之礼等，都在此举行。中和殿是纂修《玉蝶》（皇室谱系），举行告成仪式之处（每十年一次）。保和殿，清代时每年新春在此举行赐外藩蒙古王公等盛宴。

养心殿在宫中是一座很特殊的建筑，它位于乾清门西侧，是连接前三殿和后三殿的重要枢纽。这一组建筑，本来是皇帝修身养性之所，但到了清代雍正时，则其作用就不大相同了。本来皇帝起居内务都在"后三殿"，但自雍正开始，用兵西北，战事频繁，故增设军机处，设在紧靠内廷的乾清门广场，便于随时召见军机大臣，所以雍正皇帝就由后三殿改到养心殿来居住，起居政务都在此处。

养心殿是一组建筑群落，正门叫"遵义门"。养心殿东面隔一条长街就

与乾清门相接，北则为西六宫，东南则是紧接乾清门广场的军机处。这一组建筑有两个院落组成。遵义门内有琉璃影壁，后面就是外院，四周建值房，院北过养心门，里面是内院。院子当中是一座壮观的大殿，金色琉璃瓦，高高的台基，殿前耸立六间抱厦，这就是养心殿。两侧有东、西配殿，它们屋宇相连，组成一个三合院。养心殿后是寝宫，左右是体顺堂和燕禧堂两朵殿，朵殿两侧是庑房，并一直向南部延伸。后寝宫及朵殿、庑房也形成一个三合院，并把养心殿及其东西配房紧紧地包围在中间，好似两个三合院套在一起。养心殿前部三合院为皇帝政务用房。院内有陈设，如日晷、铜炉、三头鹤香炉、铜缸等。后寝宫和朵殿等为皇后、嫔妃生活起居用房。空间不大，很有生活情趣。

　　养心殿东暖阁内，面西处设两个宝座，中间有一道黄纱帘，慈禧太后就在此垂帘听政。养心殿西暖阁分隔成几个小屋，其中较大的一间，悬挂着雍正所写"勤政亲贤"匾。这是养心殿中最小的办公场所。

神坛的祭祀文化

明朝初年实行天、地分祀，有一年祭祀前斋戒时遇到下雨，太祖朱元璋感觉敬天地如敬父母，没有分开祭祀之理，于是改为合祀。明嘉靖年间，世宗以天地合祀不合古制为由，又分开祭祀天、地，将南郊的天地坛改为圜丘专以祭天，在北郊择地另建方泽专以祭地，并在东郊建朝日坛、西郊建夕月坛。

1. 北京天坛

北京天坛在明清时期北京外城的东南部，位于故宫正南偏东的城南，正阳门外东侧，始建于明朝永乐十八年（1420年），原名"天地坛"，是明、清两朝历代皇帝祭祀天地之神的地方。明嘉靖九年（1530年）在北京北郊另建祭祀地神的地坛，此处就专为祭祀上天和祈求丰收的场所，并改名为"天坛"。总面积272万平方米，比故宫还大。

北京天坛建筑设计十分考究，有两重垣墙，坛墙南方北圆，象征天圆地方。圜丘、祈谷坛建造在南北纵轴上，网丘坛在南部，是祭祀天神的地方。祈谷坛在北部，是祈求丰收的地方，中间有墙相隔。圜丘建于明嘉靖九年，每年冬至在台上举行"祀天大典"，也称祭天坛，坛内主要建筑有圜丘坛、皇穹宇等，祈谷坛内主要建筑有祈年殿、皇乾殿、祈年门等。其中，祈年殿建于明永乐十八年（1420年），初名"大祀殿"，是一个矩形大殿。皇穹宇前左、右有配殿各五间，存放圜丘祭祀日、水、火、土、金、木、北

极、月等星神以及云师、雨师、风师、雷师的神牌，其正殿及配殿共围于一圆墙之内，这个围墙，就是有名的"回音壁"。

天坛建筑处处展示中国古代特有的寓意、象征的艺术表现手法，如圜丘的尺度和构件的数量集中并反复使用"九"这个数字，以象征"天"和强调与"天"的联系；天坛祈年殿以圆形、蓝色象征天，殿内大柱及开间又分别寓意一年的四季、二十四节气、十二个月和一天的十二个时辰以及象征天上的星座等，处处"象天法地"，是古代明堂式建筑仅存的一例。1998年，北京天坛被联合国教科文组织确认为"世界文化遗产"，2009年入选中国世界纪录协会中国现存最大的皇帝祭天建筑。

2. 北京地坛

地坛位于今北京市安定门外，是明清两代皇帝祭祀"地"的场所，又称"方泽""方丘"。始建于明嘉靖九年，迄清重加修治。

在古代，祭地是仅次于祭祖、祭天的国家大典，所以地坛是异常重要的礼制建筑。地坛呈方形，总体布局坐南向北。按照古老的"天圆地方"的观念，地坛的建筑以象征大地的正方形为几何母题而重复运用，由"回"字形两重正方形坛墙环绕，分成内坛和外坛。主要建筑有三组，方泽坛和皇祇室在中轴线上，西侧有神库和宰牲亭，西北有斋宫、钟楼、神马圈等附属建筑。方泽坛平面为正方形，是举行祭地大典的地方。地坛面积约37.3公顷，占地仅为天坛的1/8左右。

地坛二层方台由汉白玉筑成，坛周围有矮围墙，按照古代天阳地阴的说法，坛面的石块均为阴数即双数，中心是36块较大的方石，纵横各6块，围绕着中心点，每向外一圈增加8块，每层8圈。由于采用方形平面向心式的重复构图，使位于中心的那座不高不大的方形祭台显得异常雄伟。

3. 北京日坛

日坛，又名朝日坛，是明清两代帝王朝拜太阳神的地方。位于今北京市朝阳区朝阳门外，明嘉靖九年（1530年）建，距今已有480多年，明清二代每年春分日朝廷都要遣官致祭。

中国古代也有一位太阳女神，名叫羲和。最早的大百科全书《山海经》中记载了这样一个故事："东海之外，甘泉之间，有羲和之国。有女子名羲和，为帝俊之妻，是生十日，常浴日于甘渊。"大意是：羲和国有个女子名叫羲和，她是帝俊的妻子，生了10个太阳。羲和掌握着时间的节奏，每天由东向西，驱使着太阳前进，所以在上古时代，羲和又成了制定时历的人，她密切注视着时日的循环，测定日月星辰的运行规律，给大家制定出计算时间的历法。

4. 北京月坛

明清时代，帝王于秋分亥时在月坛举行祭祀，主祭夜明之神和天上诸星神。配祭二十八星宿、木火土金水五星及周天星辰。

月坛位于北京西城区南礼士路西侧，又名夕月坛，建于明嘉靖九年（1530年）。祭祀月神，文献确切记载是秦始皇时代，嗣后后代皇帝沿袭，但保留下来比较有规模的月坛，则仅剩北京一座。月坛是北京著名的五坛八庙之一，是明清两代帝王祭祀夜明神（月亮）和天上诸星神的场所。虽然《周礼》已经确定了"两分祀日月"之制，但日月之祀在历代的时间并不绝对固定，不过春分、秋分仍然是天子祭日、月最基本的日期选择。

该坛方广4丈，高4.6尺。面为白琉璃，阶六级，俱白石。内棂星门四，东门外为瘗池，东北为具服殿；南门外为神库，西南为宰牲亭、神厨、祭器库，北门外为钟楼、遣官房。外天门2座；东天门外北为礼神坊。月坛坛面以白色琉璃铺砌，象征着白色的月亮。

知识链接：

中秋节的由来

《礼记·祭义》篇云："祭日于坛谓春分也；祭月于坎谓秋分也。"按照《说文解字》的解释，"坛"是土筑的高台，"坎"与之相反，是下陷的坑、穴。古人按日月所代表的阴阳关系，祭日于高台，祭月于坑穴。西周时期，帝王就有春分祭日、夏至祭地、秋分祭月、冬至祭天的习俗。这些祭月礼仪后来逐渐流传到民间，礼仪式的皇家祭神行为演变成了大众化的功利性民俗活动，并逐渐形成了一种风俗延续下来，这就是中秋节。

 ## 风水宝"墓"："明十三陵"

永乐皇帝朱棣登位以后，迁都北京。这个迁都的决定虽然到永乐十八年（1420）才正式宣布，但朱棣从1407年就开始了大规模地规划北京和建造皇城；与此同时，他也不放松对陵墓的修建。公元1409年，朱棣当皇帝后第一次到北京，就派人在北京附近寻找风水宝地，修建皇陵。皇宫开始兴建，皇陵也开始选地，表示了他迁都北京的决心。

明代皇陵选择的地点是在北京昌平县以北的天寿山南麓。天寿山是燕山山脉的支脉，山势除北面外还向东西两侧绵延成三面环抱的形式，形成了一个南面开阔的小盆地。朱棣的长陵就坐落在这块盆地的北面山下，坐北面南。自朱棣以后的12代明皇的陵墓都依次建在长陵的左右，形成了一个庞大的陵区，称为"明十三陵"。

明陵与以往的唐陵、宋陵有些什么不同呢？第一，明十三陵虽都是背山而建，但不像唐陵那样以山为宝顶，开山为墓穴。明陵的墓室都是挖地而建，上覆黄土堆为宝顶，与地面建筑组成完整的建筑群体。第二，明皇陵与宋皇陵一样都集中建造在一起，各座皇陵都自成体系。但它与河南巩县的宋皇陵不同的是各座皇陵既独立又互有联系。13座陵墓有一个总体规划，有一个总的入口。13座陵墓组成一个极其壮丽而又十分完整的陵区，这是过去历代皇陵所不曾有过的。

整个陵区周围约有80里，正门在南面，名为大红门。在大红门的前面还有一座高大的石牌坊，是陵区的标志。进大红门，迎面是一座高大的碑亭。所谓碑亭，就是专门置放石碑的建筑，平面呈方形，四面开门所以称亭。高大的"大明长陵神功圣德碑"置于亭的中央，上面刻的是明仁宗朱高炽为朱棣作的碑文。过碑亭再往北就进入了陵区的神道。神道南端有一对六角形的石柱，往后有狮、獬豸、骆驼、象、麒麟、马六种石兽共12对，其中卧像、立像各半。石人有勋臣、文臣、武臣三种共6对，全为立像。这18对石雕像分列神道两旁，十分壮观。走过神道，迎面是一座棂星门，进门后又经过两座石桥，地势逐渐升高，道路才分向各座皇陵。如果一直往北就来到长陵。从石牌坊到棂星门，共长2600米，设置了一连串的碑亭、石雕和门座，的确显示了皇陵特有的宏伟气势。

长陵于永乐七年（1409）开始建造，11年完工，形制完全模仿南京明孝陵。陵墓建筑分前后三进院子，第一进院子在陵门与棱恩门之间，院内原有神库、神厨和碑亭，是存放和制作祭祀用品的建筑，如今只剩下碑亭了。

第二进院子即陵墓主要祭祀用建筑棱恩殿所在地，棱恩殿规模之大仅次于紫禁城的太和殿，而且大殿的柱、梁、枋等构架全部用的是名贵的楠

木制作，所有立柱都是整根的楠木，最大的直径达1.7米，这是太和殿也没有的。大殿的屋顶也是重檐庑殿式，大殿下面也有三层白石台基，当然从总体上讲，作为陵墓的大殿不允许超过皇宫的大殿，所以在殿的大小、台基的高矮方面都比太和殿要小。棱恩殿与太和殿几乎建造于同一时期，两者相比，各具千秋，一个为皇帝生前服务，一个为皇帝死后享用，可见皇帝对陵墓建筑重视的程度了。

第三进院子主要有宝城与明楼。方城明楼是一座重檐屋顶的城楼坐落在高高的城墙上，上下全部用砖石建造，楼中央立石碑，碑上刻记陵墓主人的名字"大明太宗文皇帝之陵"。明楼后面接连着宝顶，实际上是一个大坟头，直径有300多米，宝顶下深埋着地宫。总体上看，一座大殿一座碑楼连着宝顶，外加若干座门与配殿组合成三进院子，这就是明代皇陵的基本格式，长陵及其他12座陵都是这样。

长陵的地宫至今还没有发掘，但比长陵小的定陵地宫已在1956年发掘了。

定陵是明代第13位皇帝神宗朱翊钧和他两个皇后的陵墓。朱翊钧于万历十一年（1584）开始建陵，至公元1590年完成，前后花了6年时间，耗费白银800余万两，相当于万历年初全国两年的田赋收入；动用军、工匠每天竟达3万人，在明陵中是规模较大的一座。在建造中间，神宗曾六次亲去现场察看，可见他关心的程度。可惜的是定陵地上建筑几乎被破坏殆尽，只剩下后院的方城明楼、宝顶和牌坊门了。发掘工作就是从宝顶下面开始的，经过几年努力，终于揭开了这座地下宫殿的秘密。

定陵的地宫埋在宝顶之下27米深处，平面分前、中、后殿及左右配殿共五个墓室，共1195平方米。各墓室之间都有通道及石门相连，地宫全部用石筑造，顶部用石发券，地面铺的是高质量的金砖。中央三个主要墓室之间的石门都设有两面门扇，每扇门高约3.3米，宽1.7米，重约4吨。这么重的门怎样关启呢？聪明的工匠想出了一个办法，就是将门板做成一边厚一边薄，近门轴的一边厚达 0.32 米，而另一边只有 0.16 米，这样门的重心就移向门轴的一边。另外，还把门轴的上下两端做成球形，易于转动，这样一来门虽重，但开关起来却不那么费力。地宫的后殿是墓室中最大的一部分，长 36.1 米，宽 9.1 米，高 9.5 米，靠后墙放着棺床，上面中央放着神宗的棺椁，左右两边是二位皇后的棺椁，四周放有装满各种殉葬品的红漆木箱。在这些遗物中，最珍贵的就是皇帝和皇后戴的金冠和凤冠。金冠全部用金丝编织，冠上有龙有凤，龙为金制，口衔宝珠，凤身上也布满用宝石翠玉制成的花朵，每顶凤冠镶有珍珠 5000 多颗，宝石百余块。此外还有金壶、金盒、金玉钗簪及大量玉圭、玉带、玉碗等玉器；还有专门在景德镇"御窑厂"烧制的大龙缸、瓷炉及各种瓷瓶、瓷碗；大量的丝织品，其中有皇帝穿的绣有 12 个团龙的龙袍；皇后穿的百子衣，上面绣着松、竹、梅、石、桃、李、芭蕉、灵芝八宝和形态生动的百子图。定陵地宫出土的文物共有 3000 多件，充分反映了我国古代工匠的高超技艺。

知识链接

太庙

　　古代帝王祭祀祖先的宗庙，被称为太庙，是与宫殿同为最高等级的古建筑。北京太庙位于天安门东侧，体现了古代"左祖右社"的都城建制。北京太庙是唯一保存下来的中国古代太庙建筑，它始建于明永乐十八年（1420年），是明清两代皇室的祖庙。1950 年改为现名"劳动人民文化宫"。

明代"木作"建筑文化

在明代建筑中,木作是其中一个非常显著的特征。木雕在建筑中的广泛应用,为明代建筑文明带来了新气象。

虽然经历了各个朝代政治、经济、信仰、风俗的变化以及民族的融合,但明代始终保持着中国传统建筑自己固有的营造布局模式与结构方法。从原始窝棚与原始阑干建筑开始,中国传统建筑始终没有完全脱离这种模式。这种模式概括地讲就是"凡屋有三分",上即"屋顶",中即"梁柱",下即"台基",三个部分既赋予房屋以组合特征,又能相对独立地发展。经过长期演变,这三者在科学、文化两层意义上的结合达到登峰造极的当属"梁柱"部分,它最能体现传统建筑的显著特点及结构原则。从单体建筑来看,传统建筑采用的是"架构制"的木结构原则,即由柱、梁、枋、檩、椽等基本构件组成的矩形立体构架体系。简单地说,就是在四根垂直的立柱上,水平设置梁枋,在横梁之上筑起长短不一的层叠梁架来支撑檩,檩贯通"间架"两端,从梁架最顶部以次降至檐枋,圈制出"间架",最后在檩上设椽。每一个木构件不用一钉一铁,仅凭卯榫结构连接在一起,成为一个结构紧密、具有荷载能力的整体。从古代建筑的简易雏形,到近代繁密精巧的殿堂,中国传统建筑始终保持着这些基本的结构特点。这种结构使梁架及屋顶的重量依靠立柱传至地面,而墙面与门窗不承受梁架及屋顶的重量,只起隔断与围护的作用。民间有句俗语"墙倒屋不塌",就是对这种结构的最

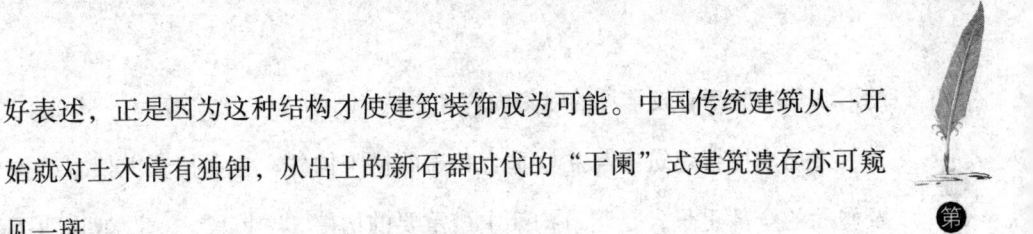

好表述，正是因为这种结构才使建筑装饰成为可能。中国传统建筑从一开始就对土木情有独钟，从出土的新石器时代的"干阑"式建筑遗存亦可窥见一斑。

其实，中国建筑并非不曾认识到石材的用途与垒砌的技术，但在发展的过程中却形成了以"木"为材、以"构架"为结构的模式，这其中有地理环境的影响，也与生产、生活方式有关，而更多的则是文化因素的影响。王振复先生曾将中国建筑的文化品格归纳为四个方面：一是人与自然"天人合一"的意识；二是重伦理、淡宗教的思想；三是"亲地"与"恋木"的情结；其四是达理而通情的技、艺之美。上述文化观念在中国建筑模式与结构中都有不同程度的体现。其中，建筑的"亲地"与"恋木"情结，是传统建筑较直接的物化表现。中华民族是世界上最早选择农耕生存方式的民族之一，自古以来就注重与自然界的沟通与融合。相传，黄帝属土，土者，木之"母"也，土木相生不分。木材是有机的生命，这种"再生"的生命物质特性与人的生命特质相似，其形态不仅记录了宇宙生命发展的运动轨迹，木的温和、密度、柔韧、纹路、色泽、气味等性质特点还体现着某些生命的亲和力。漫长的生命实践，使人们对木的品质有了更深的认识，渐渐形成了对木的独特评价，或许传统建筑对木的选择就是这些特定的心理所致。由此也可以看出，传统建筑是理性与感性、技术与艺术、材料与结构之间的一种完美结合。

建筑装饰木雕一般分为大木雕刻和小木雕刻两类。大木雕刻主要是指梁、枋、斗拱等构件上的装饰雕刻；小木雕刻则是指包括家具在内的细木工装饰雕刻。传统建筑以木为材，强调构架的组合方式，使每一个部位都成为雕刻的场所，无论是梁、枋、檩、柱等大构架，还是天棚、栏杆、门窗等，甚至门簪、牙子等小部件，都有雕刻装饰。由于各木构件位置、功能、形状的差异，雕刻手法与题材内容也有所不同。一般说来，根据不同部位

的形制和功能都有较常见的雕刻内容和方法。

梁是木构架建筑中与立柱垂直相连的横跨构件，它承担着上架木结构及屋面的全部重量，是建筑构架中最重要的构件。"栋梁之材"就点明了梁架在建筑中的重要性。梁因其位置、功能、形制的不同，又分为三架梁、五架梁、月梁、骑门梁、抱头梁等。与梁有关的附属构件，如梁托、柁墩、瓜柱等经常以雕刻彩绘等装饰。

枋是联系、稳定柱与梁的建筑构件，在整个梁架结构中也起着重要作用。这类构件很多，如额枋（檐枋），是建筑檐柱头之间的横向联系构件，又有大额枋和小额枋之分。明清建筑中在内檐通柱之间还有跨空枋。另外还有脊枋、金枋、随梁枋、穿插枋等。

柱是建筑中最主要的构件之一，它几乎垂直承受着上部所有的荷重。柱有圆柱和方柱等，都由原木加工而成。建筑中长短、粗细不一的柱，根据不同的位置、功能都有不同的名称和形状，如中柱、金柱、檐柱以及瓜柱等。

考虑到这些构件承重的原因，装饰雕刻一般多采用浮雕或线雕工艺，枋则少量或小面积地使用镂空雕。常见的题材内容是仙花芝草、祥禽瑞兽、人物、如意纹、云头纹等。

斗拱是传统建筑结构的关键，它是建筑中位于屋檐下柱顶与额枋之间，以榫卯结构交错叠加而成的上大下小的构件，在室内梁、枋之间也常用，具有分散梁架过于集中的重载和承挑外部屋檐荷重的功能。斗拱由斗、拱、昂等构件组成。其中，斗是上部凿有槽口的斗形木块，拱是安置于斗面十字斗口内的曲形短木，昂有杠杆作用。斗拱部位的雕刻多以半圆雕、镂雕为主，也常有彩绘装饰。

隔扇是古代建筑应用较为广泛的细木作，也是最能体现南方园林建筑特色的部分。隔扇的装饰雕刻主要集中在格心、绦环板以及裙板部位，采用各种浮雕、线雕、镂空雕工艺，题材包括人物故事、动物花卉、祥瑞宝器以及符号化的装饰纹样等。

知识链接：

明代造园师：计成

明代住宅发展的一个显著特征是私家园林的增多，由此引起了民间造园师队伍的涌现。计成（1582—1642年）就是其中一位，字无否，号否道人，苏州吴江人。明末造园家，少年时即以善画山水而知名，属写实画派，并喜好游历风景名胜，到过北京、湖广等地。中年回到江南，定居镇江，专事造园。写成《园冶》一书，被誉为世界造园学最早的理论名著。

 扩展阅读　　太极星象村：俞源古村

俞源古村是中国唯一的太极星象村。俞源古村，位于浙江金华武义县内，古时称朱颜村，由朱姓和颜姓两个家族组成。相传南宋时有一个叫俞德的杭州人在松阳县任教谕，去世后其子送灵柩回杭州时途经这里投宿，第二天发现放在溪边的灵柩被紫藤缠绕，意为神地，遂买地葬父，并留下守墓。其后，俞姓家族逐渐兴旺。因这里是俞姓的源头，便称其为俞源村。

相传俞源村是明朝开国谋士刘伯温按照天体星象排列设计建造的。刘伯温与俞源的俞涞是同窗，两人感情甚笃，俞源恰好是刘伯温回老家的必

经之路。刘看到当地旱涝交替，常发瘟疫，灾害频发，民不聊生，因为他好堪舆之学，上通天文，下晓地理，于是设计并指挥村民将村口直溪改为曲溪，以溪流为阴阳鱼界线设立太极图。经测量，太极图直径为320米，面积120亩。同时，还设计了村庄建筑的星象、八卦布局。村周11道山岗与太极阴阳鱼构成天体黄道12宫，八卦形排列的28座堂楼，对应星象二十八宿，七星塘、七星井呈北斗星状分布，被誉为"处州十县第一祠"的俞氏宗词正好位于其星斗内。

俞源村文物古迹众多。现存宋元明清古建筑1027间，以宋、元、明、清四朝古屋为主，尚有堂楼、厅、阁、院、馆、祠、庙等不同建筑形式，其中宋代的洞主庙，元代的利涉桥，明代的古戏台，均名扬四方，木雕、石雕、砖雕做工精细。俞源村人文景观与自然景观密切融合，是古生态"天人合一"的经典遗存。

第六章

天然雕饰
——古代家具文明的鼎盛期

明代是自汉唐以来,我国家具历史上的又一个兴盛期。随着当时经济的繁荣,城市的园林和住宅建设也兴旺起来,贵族、富商们新建成的府第,需要装备大量的家具,这就形成了对家具的大量需求。明代的一批文化名人,热衷于家具工艺的研究和家具审美的探求,他们的参与对于明代家具风格的成熟,起到极大的促进作用。

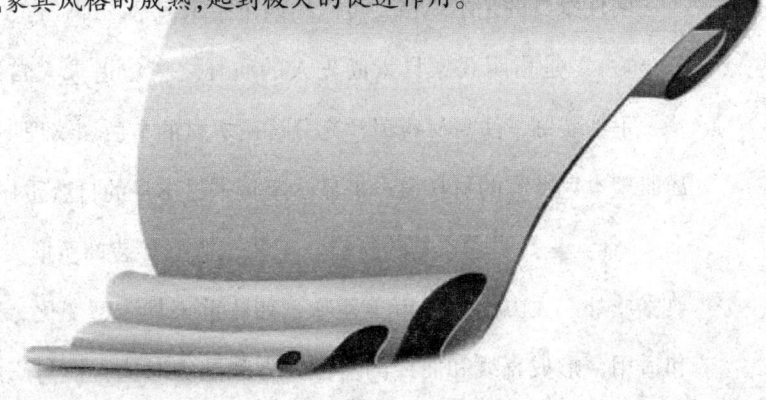

"古、雅、精、丽"的明代家具

明代家具是在继承宋元家具传统样式的基础上逐渐发展起来的。明初，在江南地区的家具主要采用当地盛产的榉木，至明中期以后，更多地选用花梨、紫檀等品种的木材。当时人们把这些花纹美丽的木材统称为"文木"。特别是经过晚明时文人的直接参与和积极倡导，这类时髦的家具立即得以风行并迅速以鲜明的风格形象蔓延开来。明代家具具有经久耐用的实用性和隽永高远的审美趣味，它以一种出类拔萃的艺术风貌，成为中华民族文明史中一颗艺术明珠。这种家具具有鲜明的时代特色，故称其为"明式"。

明式家具无论是从部件结构的科学化、人性化来看，还是从精巧的工艺、淳朴自然的风格来看都达到了相当高的水平。高端的选材，舒适的设计，让明代的"桌""椅""几""案""柜""屏""格""床"等在经典的历史文明中脱颖而出，让古典的家具文化在明代留下了浓重的一笔。

明代家具的艺术风格，可以用四个字来概括，即"古、雅、精、丽"。

"古"是指明式家具崇尚先人的质朴之风，追求大自然本身的朴素无华，不加装饰，注意材料美，充分运用木材的本色和纹理不加遮饰，利用木质肌理本色特有的材料美，来显示家具木材本身的自然质朴特色。

"雅"是指明式家具的材料、工艺、造型、装饰所形成的总体风格具有典雅质朴、大方端庄的审美趣味，如注重家具线型变化，边框券口接触柔和适用，形成直线和曲线的对比，方和圆的对比，横与直的对比，具有很强的形式美。还如装饰寓于造型之中，精练扼要，不失朴素大方，以清秀雅致见长，以简练大方取胜。再如金属附件，实用而兼装饰，为之增辉。总之，明式家具风格典雅清新、不落俗套、耐人寻味，具有极高的艺术品位。

"精"是指明式家具其做工精益求精，严谨准确，一丝不苟。非常注意结构美，在尽可能的情况下不用钉和胶，因为不用胶可以防潮，不用钉可以防锈，而主要运用卯榫结构，榫有多种，适应多方面结构，既符合功能要求和力学结构，又使之牢固，美观耐用。

"丽"是说明式家具体态秀丽、造型洗练、形象淳朴、不善繁缛。特别注意意匠美，注重面的处理，比例掌握合度，线脚运用适当。并运用中国传统建筑框架结构，使家具造型方圆立脚如柱、横档枨子似梁，变化适宜，从而形成了以框架为主的、以造型美取胜的明式家具特色，使得明式家具具有造型简洁利落、淳朴劲挺、柔婉秀丽的工艺美。

"古、雅、精、丽"体现了明式家具简练质朴的艺术风格，饱含了明代工匠的精湛技艺，浸润了明代文人的审美情趣。

明代家具的风格特点也可以用"造型简练、结构严谨、装饰适度、纹理优美"四句话加以总结。以上四句话，也可说四个特点，不是孤立存在的，而是相互联系、共同构成了明代家具的风格特征。

家具部件的艺术造型与科学实用的统一

明式家具将艺术造型与科学实用统一在一起。每一个部件，在家具的整体中都用得很合理，分析起来都有一定的意义，既能使家具本身坚固持久，又能收到装饰和美化家具的艺术效果，更重要的是它主要以满足人们日常起居生活的需要为目的，这便是部件装饰的基本特点。

家具结构部件的使用大多仿效建筑的形式。如替木牙子，犹如建筑上承托大梁的替木。替木牙子又称托角牙子或倒挂牙子，家具上多用在横材与竖材相交的拐角处。也有的在两根立柱中间横木下按一通长牙条的，犹如建筑上的"枋"。它和替木牙子都是辅助横梁承担重力的。托角牙有牙头和牙条之分，一般在椅背搭脑和立柱的结合部位，或者扶手与前角柱结合的部位，多使用牙头，而在一些形体较大的器物中，如方桌、长桌、衣架等，则多使用托角牙条。除牙头和牙条外，还有各种造型的牙子，如：云拱牙子、云头牙子、弓背牙子、棂格牙子、悬鱼牙子、流苏牙子、龙纹牙子、凤纹牙子、各种花卉牙子等，这些富有装饰性的各式各样的牙子，既美化装饰了家具，同时在结构上也起着承托重量和加固的作用。

圈口，圈口是装在四框里的牙板，四面或三面牙板互相衔接，中间留出亮洞，故称圈口。常在案腿内框或亮格柜的两侧使用，有的正面也用这种装饰，结构上起着辅助立柱支撑横梁的作用。常见有长方圈口、鱼肚圈口、椭圆圈口、海棠圈口等。三面圈口多为壶门式，圈口以四面牙板居多，因其下边有一道朝上的牙板，在使用中就必然要受到限制，尤其在正面，人体身躯和手脚经常出入磨擦的地方，很少有朝上的装饰出现，因此在众多的家具实物中，凡使用这种装饰的，都在侧面或人体不易接触的地方，如翘头案腿间的圈口、书格两侧的亮洞等。

壶门圈口与以上所说略有不同，通常所见以三面装板居多，四面极为少见。壶，本意指皇宫里的路，壶门，即皇宫里的门。它和其他各种圈口不同的是没有下边那道朝上的牙板，也正由于这一点，它不仅可在侧面使用，而且在正面也可以使用。

档板，档板的作用与圈口大体相同，起着加固四框的作用。其作法是用一整块木板镂雕出各种花纹，也有用小块木料做榫攒成棂格，镶在四框中间，发挥着装饰与结构相统一的作用。

绦环板，是在竖向板面四边的里侧浮雕一道阳线，板面无论是方，还是长方，每边阳线都与边框保持相等的距离。在抽屉脸、柜门板心、柜子的两山镶板、架子床的上眉部分和高束腰家具的束腰部分，常使用绦环板这个部件。绦环板的上下两边镶入四框的通槽里，有的在桌子的束腰部分使用绦环板，桌牙通过束腰部位的绦环板和矮柱支撑着桌面。从整体分析，采用高束腰的目的在于拉大牙板与桌面的距离，从而也拉长了桌腿与桌面、桌牙的结合距离。这时桌牙实际上代替低束腰桌子的罗锅枨，从而进一步固定了四腿，提高了四足的牢固性。绦环板内一般施加适当的浮雕，或中间镂一条孔，也有的采用光素手法，环内无雕饰，既保持素雅的艺术效

明代家具

果,又有活泼新奇之感。

罗锅枨加矮佬。罗锅枨和矮佬通常相互配合使用,其作用也是固定四腿和支撑桌面。这种部件,都用在低束腰或无束腰的桌子和椅凳上。所谓罗锅枨,即横枨的中间部位比两头略高,呈拱形,或曰"桥梁形",现在南方匠师还有称其为"桥梁档"的。在北方,人们喜欢把两头低中间高的桥用人的驼背来形容,称"罗锅桥",因而把这种与罗锅桥相似的家具部件称为罗锅枨。在罗锅枨的中间,大多用较矮的立柱与上端的桌面连接。矮柱俗称矮佬,一般成组使用,多以两只为一组,长边两组,短边一组。罗锅枨的造型,在结构力学上的意义并不大,之所以这样做,目的是加大枨下空间,增加使用功能,同时又打破那种平直呆板的格式,使家具增添艺术上的活力。

霸王枨,霸王枨是装饰在低束腰的长桌、方桌或方几上的一种特殊的结构部件。形式与托角牙条相似,不同的是它不是连接在牙板上,而是从腿的内角向上延伸与桌面下的两条穿带相连,直接支撑着桌面,同时也加固了四足,这样就可以在桌牙下不再附加别的构件。为了避免出现死角,在桌牙与腿的转角处,多做出软圆角。霸王枨以其简练、朴实无华的造型,显示出典雅、文静的自然美。

搭脑,是装在椅背之上,用于连接立柱和背板的结构部件,正中稍高,并略向后卷,以便人们休息时将头搭靠在上面,故称搭脑。其两端微向下垂,至尽头又向上挑起,有如古代官员的帽翅,这种造型属四出头式官帽椅。南官帽椅的搭脑向后卷的幅度略小,还有的没有后卷,只是正中稍高,两端略低,尽端也没有挑头,而是做出软圆角与立柱相连。

扶手,是装在椅子两侧供人架时的构件。凡带这种构件的椅子均称为扶手椅。扶手的后端与后角柱相连,前端与前角柱相连,中间装联帮棍。如果椅子的前腿不穿过坐面的活,则须另装"鹅脖儿"。扶手的形式多样,有曲式，有直式，有平式，也有后高前低的坡式。

托泥，是装在家具足下的一种构件，形式一般随面板形状而定，有方、长方、圆及四、六、八角，梅花，海棠诸式，雕刻花纹的不多。托泥的使用也有个大体规律，一般曲腿家具使用较多，如：三弯腿圆凳、香几、鼓腿澎牙方凳等。托泥既对腿足起保护作用，也有上下呼应，协调一致，增加稳重感的效果。

屏风帽子，是装在屏风顶端的一种构件，其结构对屏风的牢固性有重要作用，装饰性亦很强。屏帽正中一般稍高，两侧稍低，至两端又稍翘起。大型座屏风陈设时位置相对固定，挪动的机会一般不多，屏风插在底座上之后，尽管屏框间有走马销连接，仍显势单力薄，而屏帽能把每扇屏风进一步合拢在一起，达到了上下协调和坚实牢固的目的。屏帽由于表面宽阔，也是得以施展和发挥装饰艺术的部位，人们多在屏帽上浮雕云龙、花卉和各样卷草图案。由于屏帽的衬托，使整个屏风显得更具气势。

 ## 明代家具的选料文化

明代家具制作十分讲究，为适合不同的用途，其选材也是多种多样的。大体主要包括木材、石材等材料。

1. 黄花梨家具

在木材的选择中，明代最讲究的家具首推黄花梨木家具。之所以明代用黄花梨作为家具的材料，这与黄花梨的木质特性有着必然的联系。

黄花梨又名降香黄檀，属豆科、黄檀属；俗称：花梨、花黎、花黎母、花狸、降香、降香檀、降真香、花榈、榈木、黄花梨、香枝木、香红木。产地：中国海南岛。行话一般讲黄花梨是"红木的纹理，花梨的底色"。酸枝木的条纹一般较深且宽窄不一，花梨的底色为黄、红褐色，但没有特别明显的条纹。如果看不清楚，则可找一些清水泼在家具或材料上，其纹理、颜色全部呈现在眼前。打磨后的黄花梨，在自然光或灯光直射下，始终掩饰不住自己琥珀似的、迷人耀眼的金质。有时纹理似乎为微微晃动的水波，给人以入目三分的感觉。所谓的"越南黄花梨"则是酸香味。用火烧黄花梨的木屑其烟发黑直行上天，而灰烬则为白色，燃烧时香味也较浓。这也是人们在迷茫时希望以此能与天上未曾谋面的神直接对话，得到神的安慰、帮助而祈福祛灾。

明代家具非常注重其木材纹理的自然美，因此黄花梨优美的纹理，沉重质感的材质，使其成为明代匠工们心中的首选。

2. 石制材料

石材在传统家具中属于装饰材料，多用于镶嵌桌面、柜门或屏风板心，家具上常见的石材有以下几种。大理石，大理石出云南大理县，以白质青纹、白质绿纹和白质黄纹者，构成天然山水人物鸟兽之形的为上品。其中白质青纹曰"春山"，绿纹称"夏山"，黄纹称"秋山"。若质地白如玉或黑如墨者亦不失为上品，白微带青，黑微带灰者为次品。永石，又名祁阳石，产自湖南、广东，永州所产称永石，祁阳县所产称祁阳石，二者极易相混。其石多青色，有山水日月纹面者为佳，但亦有人为加工，并非天然生成的。永石又有紫花、青花之分，以锯开板，用以镶嵌桌面或屏心，颇为美观。南阳石，又名硫黄石，质坚且极细润。有纯绿色花、淡绿花和油色云头花等品种，以纯绿花者最好，其他渐次之。土玛瑙石，出山东兖州、沂州。其石性坚，且红多而细润，因花纹似玛瑙而得名。以砂锯板镶嵌几、桌、屏风，故又名"锦屏玛瑙"。有天然胡桃花者为最好，大云头花和红白花者稍次。竹叶玛瑙石，竹叶玛瑙石以其花纹似竹叶而得名，其纹多呈紫黄色，以斑细者为佳，斑大者次之。石质性坚，大者可锯板镶嵌桌面。川石，川石出四川，有天然生成的白地青黑色花纹，性坚实，锯成板材可用以镶嵌桌面。惟数量较少，大块亦不多见。湖山石，多呈青黑色，花纹与骰子香楠木相差不多，性坚好，可用作桌面。红丝石，红丝石与土玛瑙类似，但质粗不润，常于白地上有赤红纹路，大者可用于制作桌面。各色玉石，玉分青、白、碧、墨等色。玉石类中还包括翡翠、玛瑙、水晶、碧玺、金星石、芙蓉石、孔雀石等。

3. 家具的漆饰

漆是保护和装饰家具的主要材料。早在商周时期，人们已经掌握了用漆装饰家具的技术。明清时期，漆工艺术发展到14个门类，共87个不同品种。这时期，能工巧匠辈出，且有大量实物传世，为我们了解当时的生活风貌提供了宝贵资料。

明代时期常见的漆色有黑、朱、黄、绿、紫褐等。黑漆又名乌漆、玄漆，以黑漆饰家具，又名黑髹。凡以单色素漆饰器物，均可称朱髹、黄髹、绿髹等。漆有揩光和退光两种，揩光漆表面莹华光亮，退光漆只是乌黑，并不发亮。

在传统家具中，凡一件家具用一色漆者，即为素漆家具。如果在素漆家具上再以别色漆描绘各式图案的，即为彩漆家具。还有一种镶嵌家具，用不同质地的材料雕饰成各式图案镶嵌在漆器家具上，从而扩大了家具制作的用材种类，也为明清家具增添了绚丽华贵的艺术效果。

4. 其它附属材料

传统家具除各色漆饰外，还有螺钿，牙角兽骨，各种金属等。

各色螺钿，螺钿也作罗钿，有硬罗钿和软罗钿之分。硬罗钿多为海蚌

的硬壳，较大的甸块多为车渠甸，系文蛤类中最大的一种，长径3尺许，其壳甚厚，外皮褐色而有5道凹渠，剥去外表糙皮，内呈银白色而光润，以锯开片磨平，其白如玉，可为装饰品。软罗甸是为区别硬罗甸而言，因其块小且又极薄，又称薄罗甸。软罗甸为较小的海螺壳之内表皮，极难剥取，故无大块，软罗甸表面有天然色彩，从不同角度观看，可变换颜色，又称五彩罗甸。

珊瑚，珊瑚为海底生物的分泌物。暖海中有一种筒形小虫。其所分泌之物聚集形成共同之骨干。属石灰质，其形似树，故又称珊瑚树，茎扁平，极难采取。有块状的，有连合多数小管纵列于平板之上的，大者高3尺许，根茎二三寸，次者高尺许，有红色、白色及黑色者。可做装饰品和镶嵌材料。

牙、角、兽骨，牙指象牙，角指犀牛角或水牛角，兽骨多为牛骨和象骨，象骨经染色可代替象牙，常用为雕刻或镶嵌材料。

珐琅，又名景泰蓝，是明代景泰年间兴起的一种美术工艺品。其制法系于铜胎之上粘焊用细铜丝掐成的各式花纹，再将各色珐琅颜料涂在器物表面，然后以高火烧制而成。除制作各式瓶、碗、器物外，亦有制成板片装饰家具的。

烧瓷，烧瓷用于装饰家具，多用于插屏、挂屏及柜门板心，个别桌面、凳面及椅背也有以瓷板装饰。烧瓷的釉色品种都可用作装饰材料，或攒框镶心，或漆地镶嵌，尽显典雅清新。

金属材料，金属镶嵌材料主要有金、银、铜、铁等，多在内廷及王府使用，平民百姓根本用不起。皇宫内有用四种金属作装饰的宴桌，对不同金属的使用严格体现着使用者的等级和身份。

各式竹木雕刻，是用小块木料雕刻成各种形式的嵌件，镶嵌在家具上。镶嵌木料以鸡翅木居多，次为黄杨木、紫檀木、檀香木和各种竹材。常见多采用在漆地上堆嵌成各种山水楼阁、树石花卉等。这种装饰在屏类及床榻类家具上使用较多。

知识链接：

黄花梨的鉴别

黄花梨用手掂应比较有份量不至于发飘；手感应温润如玉，真正的黄花梨成品不会有戗茬或阻手的感觉。海南岛东部的黄花梨除了颜色浅外，份量也稍轻一点，油性稍差；而西部的黄花梨则、油性很重，油质感经几百年也不会减弱。新锯开的黄花梨材料有一股浓烈的辛香味，但时间久了，特别是成了老家具，其气味则转成微香，一般是闻不出来的。在允许的条件下，可在不起眼的地方刮下一小片，闻出香味一般就是黄花梨（当然还有其他条件）。

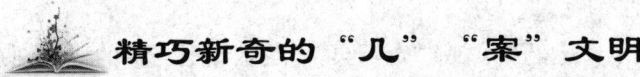

精巧新奇的"几""案"文明

明式家具中"几"的类型主要包括炕几、香几、蝶几、茶几。"案"在明代家具中根据不同的应用与式样可以分为条案、炕案、画案等。

1. 炕几

炕几也叫靠几，长和宽的比例也较大，有别于炕桌。明代《遵生八笺·起居安乐》中介绍说："靠几，以水磨为之，高六寸，长二尺，阔一尺有

123

多，置榻上。侧坐靠衬，或置薰炉、香盒书卷最便。三物吴中之式雅甚，又且适中。"

2. 香几

香几是用来焚香置炉的家具。但并不绝对，有时也可它用。香几大多成组或成对使用。古书中对各种香几的描绘均很详细："书室中香几之制，高可二尺八寸，几面或大理石、或岐阳、玛瑙石，或以骰子柏楠镶心，或四、八角，或方或梅花、或葵花、茨菇，或圆为式，或漆、或水磨诸木成造者，用以阁蒲石，或单玩美石，或置香橼盘，或置花尊以插多花，或单置一炉梵香，此高几也。"

香几的形制以束腰作法居多，腿足较高，多为三弯式，自束腰下开始向外彭出，拱肩最大处较几面外沿还要大出许多。足下带托泥。整体外观呈花瓶式。高度约在90—100厘米之间。

3. 茶几

茶几一般以方形或长方形居多。高度相当于扶手椅的扶手。通常情况下都设在两把椅子的中间，用以放置杯茶具，故名茶几。

4. 蝶几

蝶几又名"七巧桌"或"奇巧桌"。是依据七巧板的形状创意而成的。由七件形态各不相同的几子组成。为了使用方便，把个别形态的做成双件，这样说不只七件，多者可达十三件。这七种几子的面板，其比例尺寸都要互相谐调，有着极其严格的比例尺度，它比宋代发明的宴几更为新奇。它不仅可拼方形、长方形，还能拼成犬牙形，这在园林建筑的陈设中，可谓别具一格。

5. 条案

条案都无束腰，分平头和翘头两种，平头案有宽有窄。条案，则专指长度超过宽度两倍以上的案子。个别平头案的长度也有超过宽度两倍以上者，也属于条案范畴。翘头案的长度一般都超过宽度两倍以上，有的超过四五倍以上，所以翘头案都称条案。明代翘头案多用铁力木和花梨木制成。两端的翘头常案面抹头一木联作。在故宫博物院收藏的家具藏品中，这方面的实例很多。

6. 炕案

炕案是在炕上使用的矮形家具。凡腿足缩进安装，作案形结体的叫炕案。炕案除结构和造型有别于桌外，长宽之比的差距也较大。

7. 画案

画案较大的平头案有超过两米的，一般用于写字或作画，称为画案。民间画案较为朴素，然而，比起日常用的桌子，画案更多一些雕饰，如浙江省博物馆藏的明朝四面平浮雕画案，整个造型较为简单，然而，周围一圈和四足都有雅致的浮雕。而北京故宫博物馆藏的明朝束腰几形画案，造型则较为繁琐，四周雕刻有细密的花纹，应该是皇宫和王室的画案了。

 简洁实用的"桌"具文明

在明代家具中，尽管桌子多种多样，但按照其形状的分类大约包括方形桌和圆形桌。方形桌又有四方桌和长方桌之分；圆形桌也可分为圆桌和半圆桌。如按照其应用的方式及功能分，又可将其分为炕桌、供桌、琴桌等。

1. 方桌

凡四边长度相等的桌子都称为方桌。常见的有八仙桌，因每边可并坐二人，合坐八人，故称八仙桌。有带束腰和不带束腰两种形式。方桌中还有一种一腿三牙式的，造型独特，其桌腿足的侧脚收分明显，足端亦不作任何装饰。桌面边框用材较宽，使腿子得以向里收缩。面下桌牙除随边两条外，另在桌角下沿装一小板牙，与其他两条长牙形成135°角。这三个方向的桌牙都同时装在一条桌腿上，共同支撑着桌面。故称一腿三牙。这种方桌不仅结构坚实，造型也很美观。

方桌中还有专用的棋牌桌，多为两层面，个别还有三层者。套面之下，正中做一方形槽斗，四周装抽屉，里面存放各种棋具，纸牌等。方槽上有活动盖，两面各画围棋、象棋两种棋盘。棋桌相对的两边靠左侧桌边，各作出一个直径10厘米，深10厘米的圆洞，是放围棋子用的，上有小盖，弈棋时可以盖好上层套面，或打牌，或作别的游戏。平时也可用作书桌，名为棋桌，是指它是专为弈棋而制作的，具备弈棋的器具与功能。实际上它是一种集棋牌等活动于一身的多用途家具。

长桌也叫长方桌，它的长度一般不超过宽度的两倍。长度超过宽度两倍以上的一般都称为条桌。分为有束腰和无束腰两种。

2. 圆桌和半圆桌

圆桌及半圆桌在明代并不多见，现在所能见到者多为清代作品，也分有束腰和无束腰两种。有束腰的，有五足、六足、八足者不等。足间或装横枨或装托泥。无束腰圆桌，一般不用腿，而在面下装一圆轴，插在一个台座上，桌面可以往来转动，开阔了面下的使用空间，增加了使用功能。

半圆桌，一个圆面分开做，使用时可分可合。靠直径两端腿做成半腿，把两个半圆桌合在一起，两桌的腿靠严，实际是一条整腿的规格。在圆桌、半圆桌的基础上，又衍化出六、八角者。使用及作法大体相同，属于同一类别。在清代皇宫及王府园林中，是极常见的家具品种。

3. 炕桌

炕桌是在床榻上使用的一种矮形家具。它的结构特点多模仿大形桌案的做法，而造型却较大型桌富于变化。如鼓腿彭牙桌、三弯腿炕桌等。鼓腿彭牙做法，是桌腿自拱肩处彭出后向下延伸然后又向内收，尽端削出马蹄。牙板因随腿的张出也向外彭出，因而又写作"弧腿蓬牙"。三弯腿炕桌的上部与鼓腿彭牙桌上部完全相同，惟有腿足自拱肩处向外张出后又向里弯曲，快到尽头时，又向外来个急转弯，形成外翻马蹄。这类炕桌多用托泥。除框式托泥外，还有圆珠式托泥。

4. 供桌

供桌是在大堂和寺庙用来供奉神灵的桌子，如北京法源寺藏的明朝束腰霸王枨供桌，这种供桌有繁富的雕工图案。

5. 琴桌

琴桌，在明清两代专用桌案中除棋桌外，还有琴桌。琴桌的形制也大体沿用古制，尤其讲究以石为面，如玛瑙石、南阳石、永石等，也有采用厚木板做面的。还有以郭公砖代替桌面的，因郭公砖都是空心的，且两端透孔。使用时，琴音在空心砖内引起共鸣，使音色效果更佳。

还有的在桌面下做出能与琴音产生共鸣的音箱。其做法是以薄板为面，下装桌里，桌里的木板要与桌面板隔出 3—4 厘米的空隙，桌里镂出钱纹两个，是为音箱的透孔。桌身通体髹饰红漆，以理沟描金手法填戗龙纹图案。这恐怕是目前所见最华丽而又实用的琴桌实物了。

明代座椅的独特设计

明代座椅根据坐面的特点不同而命名的有"交椅"和"圈椅";按照座椅的形状有玫瑰椅、靠背椅、官帽椅。另外还有皇帝专用的椅子称为"宝座"。明式"座椅"的靠背有倾角和曲线,是明代工匠的一种成功创制。它是根据人体背脊的侧面,在自然形态时呈"S"形而设计的。所以,坐具的研究名家崔泳雪由衷地赞叹:在没有弹簧的时代,匠师们根据人体的需要,选择合适的材料制成这样的椅子坐面,是十分难能可贵的。

1. 交椅

交椅即汉代末期北方传入的胡床。形制为前后两腿交叉,交接点作轴,上横梁穿绳代坐,于前腿上截即坐面后角上安装弧形栲栳圈,正中有背板支撑,人坐其上可以后靠,遂称交椅。在日常使用和陈设中等级较高,一般只有男主人与贵客享用,妇女和下等人常坐一般圆凳。交椅不仅在室内陈设使用,外出时还可携带。宋元明乃至后来的清代,皇室官员和大户人家外出巡游、狩猎,都携带这种椅子。在明代《明宣宗行乐图》中,就有这种交椅挂在马背上。这种交椅由于其适合人体休息需要,深受人们的喜爱,故而历经唐宋元明上下1000余年,形体结构一直没有明显的变化。

2. 圈椅

圈椅的椅圈与交椅椅圈完全相同。严格说来,交椅也应属圈椅的一种,由于交椅历史早于圈椅,故列于前。圈椅的出现晚于交椅,故列于后。圈椅是由交椅演变而来的，明代中后期，又出现一种座面以下采甩鼓腿澎牙带托泥的圈椅。尽管造形富于变化，然而四根立柱并非与四腿一木联作，而系另安，这样势必影响椅圈的牢固性。

明代时，圈椅的椅式极受世人推崇，在陈设和使用中，等级不亚于甚至超过交椅，以致当时人们把圈椅称为"太师椅"。明代还有一种半圈椅，犹如自椅圈两后边柱前一刀砍下，没有前端的扶手。此椅型见于明代版画，未见实物。这种半圈椅造形也很雅观，椅圈自背板顶端的搭脑伸向两侧角柱，与两个后角柱连接后，即不再向下延伸，成为无扶手的靠背椅。弧形搭脑的作用只把背板顶端向后倾，形成105°的背倾角，其造型、特点应属圈椅当中的又一种形式。

3. 玫瑰式椅

玫瑰式椅，这种椅型实际上是南官帽椅的一种，在宋代名画中曾有所见，明代时使用这种椅子的逐渐增多。它的椅背通常低于其他各式椅子，和扶手的高度相差无几，背靠窗台平列数把椅子，不致高出窗台，配合桌案陈设时又不高出桌沿。由于这些与众不同的特点，使并不十分实用的玫瑰椅深受人们喜爱，并广为流行。玫瑰椅常用花梨木或鸡翅木制成，一般不用紫檀木或红木。玫瑰椅的名称在北京匠师的口语当中较为流行，南方无此名，而称其为"文椅"。用"玫瑰"二字称呼这种椅子，当是对这种椅子的高度赞美。

4. 官帽椅

官帽椅是依其造型酷似古代官员的帽子而得名。官帽椅又分南官帽椅和四出头式官帽椅，南官帽椅的造型特点是在椅背立柱与搭脑的衔接处做出软圆角，作法是由立柱作榫头，搭脑两端的下面作榫窝，横梁压在柱上，椅面两侧扶手也采用同样作法，背板做成"S"形曲线，一般用一块整木做成。明末清初出现木框镶板作法，由于木框带弯，板心多由几块拼接，中

间装横带，背板正中，常透雕或浮雕一组如意云头或其他简单图案，起局部点缀作用。面下由牙板与四腿支撑坐面，正面牙板由中间向两边作出壶门形门牙，这种椅型在南方使用较多，常见多为花梨木，且大都加工成圆材，给人以圆浑优美的印象。

四出头式官帽椅，是将椅背搭脑和扶手的拐角处不做成软圆角，而是搭脑两端和扶手前端通过立柱后继续向前伸出，尽端微外撇，并磨成光润的圆头。这种椅子的椅腿和椅背立柱以及扶手鹅脖都用一根整木连作。从众多的官帽椅实物看，南官帽椅在形式上较容易发挥，因此有方料和圆料两种做法。四出头式就不然，它不仅都用圆材，且造型一般没有什么变化。

5. 靠背椅

靠背椅，是光有后背没有扶手的椅子。有一统碑式和灯挂式两种形式。一统碑式的椅背搭脑与南官帽椅相同，灯挂式椅的靠背搭脑与四出头式相同，因其横梁长出两柱，又微向上翘，犹如挑灯的灯杆，因此名其为"灯挂"椅。一般靠背椅的椅形较官帽椅略小，在用材和装饰上，硬木、杂木、各种漆饰等皆有之。特点是轻巧灵活，使用方便。

6. 宝座

宝座和平常椅子相比，形体较大，造型结构模仿床榻作法。在皇宫和皇家园林、行宫别墅里陈设，为皇帝专用的都称为宝座；而下级官吏或地方富豪们所用则不能称为宝座，只能称为座椅或大椅。这类椅子很少成对，大多单独陈设，常设在厅堂正中或其他显要位置。明代高濂《遵生八笺》说："默坐凝神，运用须要坐椅，宽舒可以盘足后靠，……使筋骨舒畅，气血流行。"这里说的就是这种大椅。

知识链接

"养和"

"养和"又称懒架,据传为北魏曹操所创,唐代称"养和",到明清时又称欹床或靠背,有带坐面和不带坐面的两种。其形制酷似椅子的靠背,后安支架,可以撑放活动,用来调节使用角度。这种椅子多在床榻上或席地坐卧时使用,如在树荫下乘凉,在茵席上设置一张养和,或侧倚,或后靠,都很舒适。

 ## 典雅舒适的明代"卧"具文化

中国古代家具中卧具形式有四种,即榻、罗汉床、拔步床、架子床。后两种只作为卧具,供睡眠之用;而前两种除睡眠外,还兼有坐之功能。古代中国睡觉有大睡和小睡两种,大睡就是晚上正式的睡眠,小睡指午休等小憩,榻和罗汉床用于小睡,可以用来待客,而架子床和拔步床用于大睡,不能用来待客。明代的卧具主要有以下几种:

1. 榻

榻分卧榻和坐榻两种,卧榻宽而长,坐榻公能容身,明代的坐榻,外形尺寸和汉时已大不相同。

2. 罗汉床

罗汉床名称的由来,说法众多,最为可信的解释是在明代被称之为弥

勒榻。弥勒榻是大型坐具，短不能卧；而罗汉床也是坐的功能大于卧的功能。弥勒榻一般体形较大，又有无束腰和有束腰两种类型。有束腰且牙条中部较宽，曲线弧度较大的，俗称"罗汉肚皮"，故又称"罗汉床"。罗汉床一直是备受欢迎的实用家具。是指一种床铺为独板、左右、后面装有围栏但不带床架的一种榻。早期罗汉床特点是五屏围子，前置踏板，有托泥，三弯腿宽厚，截面呈矩尺形。中期床前踏板消失，三弯腿一改其臃肿之态，腿足出现兽形状。到晚期仅三屏，这种罗汉床床面三边设有矮围子，围子的做法有繁有简，最简洁质朴的做法是三块光素的整板，正中较高两侧稍矮，有的在整板上加一些浮雕图案，复杂一些的是透空做法，四边加框中部做各式几何图案花纹，如万字、十字加套方等，其形式如建筑的档板。不设托泥，三弯腿变成了马蹄足。根据出土的明器和传世的罗汉床早中晚可分五围屏带踏板罗汉床、五围屏罗汉床、三围屏罗汉床。这种榻一般陈设于王公贵族殿堂，给人一种庄严肃穆之感觉。

3. 拔步床

"拔步床"分繁、简两类，即明人通常所分的"大床"与"凉床"两种样式。《鲁班经》中记载的"大床"构造是：

下脚带床方共高二尺二寸二分，正床方七寸七分大，或五寸七分大，上屏四尺五寸二分高，后屏二片，两头二片阔者，四尺零二分，窄者三尺二寸三分，长六尺二寸，正领一寸四分厚，做大小片下，中间要做阴阳相合。前踏板五寸六分高，一尺八寸阔，前楣带顶一尺零一分。下门四片，每片一尺四分大，上脑板八寸，下穿藤一尺八寸零四分，余留下板片。门框一寸四分大、一寸二分厚，下门槛一寸四分三，接里面转芝门，九寸二分或九寸九分，切忌一尺大。这种"大床"实际是将架子床放在一个如克路士《中国志》中所说的"四周封闭"式"用木精制"的平台上，床内构成一个子空间，犹如室内有室、房中有房，平台前沿则长出床的前沿两三尺，这也是

"拔步床"又称为"踏步"的主要原因。

由于床大，所以需要的空间也大。这种床：平台的四角设雕花柱架，床的三围镶安拆装式的雕刻或彩绘屏风，有的在床的门洞外还挂上"锦纯诗句枕边得，昌后文章醒后求"之类的楹联、诗文，人住此床，犹如置身诗情画意之中。床前两侧，一般安放小柜，以便放置花瓶、镜箱等杂物。后半部分为床之主体，往往再设一道雕花门罩、垂帘等，兼备点心盒、防身器具等物品。

这种实用性与艺术性融于一床的现象，在明代是相当普遍的，尤其是明代的贵族，他们在恣意享用床笫舒适的同时，刻意追求的是床的典雅与欣赏性。

4. 架子床

架子床是明代非常流行的一种床，通常是四角安立柱、床顶、四足，除四角外在正面两侧尚有二柱，有的为六柱，柱子端承床顶，因为像顶架，所以称架子床。有月洞式门架子床、带门围子架子床、带脚踏式架子床等，种类繁多。一般为透雕装饰，如带门围子架子床。正面有两块方形门围子，后、左、右三面也有长围子，围栏上楣子板，四周床牙都雕饰有精美的图

架子床

案。架子床造型好像一座缩小的房屋一样，床的柱杆如同建筑的"立柱"；床顶下周围有挂檐（又称楣子），很像建筑中的"雀替"；床下端有矮围子，其做法图案纹样像建筑的柱及栏杆。整个架子床从立面看如建筑的开间，所以说整个床的造型酷似一座缩小的房屋。

精美和谐的"摆"具文明

明代"屏风柜格"作为家具种类中的一种，受到很多人的重视与青睐。它们具体为以下几种：

1. "屏风"文化

屏风是古时建筑物内部挡风用的一种家具。它作为传统家具的重要组成部分，历史由来已久。屏风一般陈设于室内的显著位置，起到分隔、美化、挡风、协调等作用。它与古典家具相互辉映，相得益彰，浑然一体，成为家居装饰不可分割的整体，而呈现出一种和谐之美、宁静之美。明式屏风较之宋代屏风不论在制作技巧上，或品种样式上都有较大的发展。分座屏、曲屏两大类。

座屏风又分多扇和独扇。多扇座屏风分三、五、七、九扇不等，规律是都用单数，每扇用活榫连接，屏风下的插销插在形底座上、屏风上有屏帽连接。独扇屏风也叫插屏，是指把一扇屏风插在一个特制的底座上，底座用两条纵向木墩，正中立住，两柱间用两道横梁连接。正中镶余腮板或绦环板，下部装披水牙。两条立柱前后有站牙抵夹。两立柱里口挖槽，将屏框对准凹

槽,插下去落在横染上、屏框便与屏座连为一体。这类屏风有大有小,大者可以挡门,小者可以摆在案头用以装饰居室。

曲屏风属活动性家具,每扇之间或装钩纽、或裱绫绢,可以随意折合,用时打开,不用时折合收贮起来,其特点是轻巧灵便。基于上述原因,这类屏风多用较轻质的木料做边框,屏心用纸、绢裱糊,并彩绘或刺绣各式图画等。有的用大漆髹饰,上面雕刻各式图画,做工、手法多种多样。由于纸绢难以流传至今,现存明代传世作品以木制和漆制为多,纸绢制屏风极为少见,不管怎么说,由于前人的智慧,给我们留传下来的惊世工艺,才有今天的不锈钢屏风的出现,推动了屏风在现代社会的流传,使我们的房屋装饰增添了多层次的空间感。装饰方法或雕刻、或镶嵌、或绘画、或书法。座屏中的屏座装饰比以前制作更加精巧,技术也更加娴熟,特别是到了明代中期以后逐渐出现了有名的"披水牙子"。所谓"披水牙子"为明清家具术语,也称"勒水花牙",是牙条的一种,指屏风等设于两脚与屏座横档之间带斜坡的长条花牙,也就是指余波状的牙子,北京匠师称"披水牙子",言其像墙头上斜面砌砖的披水。曲屏属于无固定陈设式家具,每扇屏风之间装有销钩,可张可合,非常轻巧,一般用较轻质的木材做成屏框,屏风用绢纸装裱,其上或绘山水花鸟,或绘名人书法,具有很高的文人品味。样式有六屏、八屏、十二屏不等。到明代晚期出现了一种悬挂墙上的挂屏成组成双,或二挂屏、或四挂屏。

2."柜""格"文化

在明代,除了桌、椅、床、案等比较精致舒适的明式家具外,另外还有其他种类的家具也都具有不同的特色。

明代橱类家具中比较有特点的有闷户橱。它是一种具备承置物品和储藏物品双重功能的家具。外形如条案,与一般桌案同高,其上面作桌案使用,所以它仍具有桌案的功能。桌面下专置有抽屉,抽屉下还有可供储藏

的空间箱体，叫作"闷仓"。存放、取出东西时都需取出抽屉，故谓闷户橱，南方不多见，北方使用较普遍。闷户橱设置两个抽屉的称连二橱。闷户橱设有三个抽屉的称连三橱。闷户橱设有四个抽屉的称连四橱。此类家具非常具有实用价值，为大多数人所喜爱。此外，明式橱柜也很有特点，为橱柜结合起来的家具，形制也与桌案相同。

圆角柜的四框和腿足用一根木料做成，顶转角呈圆弧形，柜柱脚也相应的做成外圆内方形，四足"侧脚"，柜体上小下大作"收分"。对开两门，一般用整块板镶成。一般柜门转动采用门枢结构而不用合页。因立栓与门边较窄，板心又落堂镶成，所以配置条形面叶，北京工匠又称其为"面条柜"，是一种很有特征的明式家具。如中央工艺美术学院收藏的圆角柜，制作精美，是明式家具中的一件典型作品。

方角柜的柜顶没有柜帽，就像帽子没有帽沿一样，故不喷出，四角交接为直角，且柜体上下垂直，即上下一样宽，柜门一般采用明合页构造，简称"立柜"。小型的方角柜，又称其为"一封书"式立柜。

两组顶竖柜的联体称作四件柜，有的可分开使用，有的联在一起。分开使用称顶竖柜。所谓顶竖柜，就是由底柜和顶柜两部组成，底柜的长宽与顶柜的长宽相同，所以称其为"顶竖柜"。因顶竖柜大多成对在室内陈设，因为它是由两个底柜和两个顶柜组成，如果分开来共有四件，因而又名"四件柜"。如中央工艺美术学院收藏的门芯四件柜，有铜合页、铜面叶、铜吊牌和腿下的铜包脚，装饰非常美丽。

亮格柜的亮格是指没有门的隔层，柜是指有门的隔层，故带有亮格层的立柜，统称"亮格柜"。明式亮格柜通常下层为柜，对开，内有分格板，即为柜的功能。上层是没有门的隔层，为两层空格，内中存放何物一目了然。正面有挂牙子装饰，具有书格的作用，没有门的隔层与有隔层的中间还有抽屉，又为橱的功能，是明式家具中一种较典型的式样。另外，明式书格，具有亮格柜的功能，专放书类物品。其形制大多正面不装门，两侧和后面也多透空。

 **扩展阅读　"桌"与"案"的联系**

我们知道，桌子有两种形式，一种有束腰，一种无束腰。有束腰桌子是在桌面下装一道缩进面沿的线条，犹如给家具系上一条腰带，故名"束腰"。案的造型有别于桌子。突出表现为案腿足不在四角，而在案的两侧向里收进一些的位置上。两侧的腿间大都镶有雕刻各种图案的板心或各式圈口。案足有两种作法，一种是案足不直接接地，而是落在托泥上。它又不像桌子托泥那样用四框攒成，而是两腿共用一个长条形的木方子。每张案子须用两个托泥。另一种是不用托泥的，腿足直接接地，在两腿下端横枨以下分别向外撇出。

这两种案上部的作法基本相同，案腿上端横向开出夹头榫，前后两面各用一个通长的牙板把两侧案腿贯通在一起，使腿和牙板共同支撑案面。两侧的腿还有意向外出，以增加稳定性。还有一种与案稍有不同的家具，其两侧腿足下不带托泥，也无圈口和雕花板心，而是在腿间稍上一些的位置上平装两条横枨。有的在左右两腿间的长牙板下再加一条长枨。这类家具，如果面上两端装有翘头，那么无论大小，一般都称为案。如果不带翘头，那就另当别论了。这类家具，人们一般把较大的称为案，较小的称为桌子。

　　王世襄先生在《明式家具研究》书中，把腿足的板面四角的称为"桌形结体"，把四足不在四角而在缩进一些位置的称为"案形结体"。根据这个论断衡量，这种家具具备案的特点较多，尤其是腿足的位置和夹头榫结构，因此，严格说来，还应叫案。

　　桌形结体一般不包括案，而案形结体不仅包括案，也包括这种类型的桌子。人们把大者称案，自不必说，把小者称桌，即案形结体的桌子。说明这类小案桌与同等大小的桌子在使用功能上没有什么区别。也说明案和桌自产生、发展到现在，始终保持着极其密切的联系。

第七章

雅俗共赏
——推陈出新的明代文学创作

明代文学在总体上出现了雅俗文学相互融合的局面。明代时，小说的创作更为丰富，中国四大名著中三本都创作于明代，它们将明代的文学创作推向新高潮。明朝除在文学方面有很大的发展之外，在医学、科技等其他领域也出现令人瞩目的佳作。

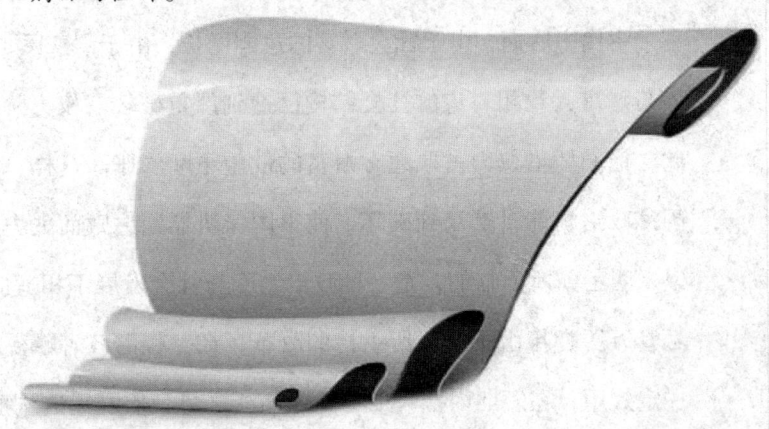

雅俗文学的融合

明代中期文学的另一个重要特征,是俗文学的兴盛和雅、俗传统的混融。这一时期,顺应着市民阶层文艺需求的增长,出版印刷业出现空前的繁荣。

《水浒传》和《三国演义》等小说在嘉靖时期开始广泛地刊刻流传,戏曲作家也陆续增多。就主要从事诗文的作家而言,也普遍重视通俗文学,并从中得到启发。李梦阳倡论"真诗在民间",已表达了对文人文学传统的失望和另寻出路的意向;唐寅在科举失败以后的诗歌创作,在很大程度上摆脱了典雅规范而力求"俗趣"。在陈继儒的《藏说小萃序》中,可以看到吴中文士文徵明、沈周、都穆、祝允明等人喜爱收藏、传写"稗官小说"的生动记载。徐渭的晚年,更是把主要精力转移到戏曲的创作、评析、传授上来。另外应该注意的是,小说《西游记》也是完成于明代中期。

明代中后期,由于社会财富的急剧增长,由于"富民"的大量出现,权势与财富大致相对应的社会结构已遭到严重破坏。权力阶层当然不甘心于此,他们凭借权力占取超常财富的欲望不断膨胀。这样,由他们所承担的国家政治机能自然受到破坏,使得国家机器因腐败而失去它的有效性。所以,明王朝所面临的,是一种政治制度与社会发展不相适应的根本性危机。尽管万历初年由张居正所主持的改革,在整顿财政、赋税和吏治方面起了一定效用,在短期内挽救了王朝的崩溃之势,但既无法从根本上解决问题,也难以在张氏去世后维持下去。最终，由于政治腐败和大饥荒所激起的农民起义，加上关外满洲军事集团的压力，摧垮了明王朝的统治。

这时，王阳明心学的发展及其影响日益扩大，从左派王学的泰州学派，一直到李贽，都在不同程度地张扬个性，突破了封建礼教的束缚，促进了个性解放和文学解放，李贽倡导的"童心说"直接影响了公安派的"性灵说"，成为文学解放的号角。

到了明末，以陈子龙、夏完淳为代表的一批爱国作家虽然也倡导复古，但他们忧患时事，并亲身参加到抗清斗争中去，他们的诗文创作具有强烈的现实意义与慷慨雄健的风格，自有其独特的成就。值得一提的是晚明的小品文创作，这种小品文实际上是一种短小精悍、形式自由活泼的散文，或写山水，或为序跋，或抒一己的情感等等，不拘一格，抒发性灵，取得了令人瞩目的成就，出现了像袁宏道、汤显祖、王思任、陈继儒、张岱、刘侗等一批小品文名家。

明代后期短篇小说创作的兴盛主要体现于拟话本的繁荣，这类小说主要模拟宋话本的形式进行创作，既有对宋元话本的改编，也有新的创作，代表作品有冯梦龙的《喻世明言》《警世通言》《醒世恒言》，合称"三言"；凌濛初的《初刻拍案惊奇》和《二刻拍案惊奇》，合称"二拍"。这类拟话本小说具有鲜明的时代特征，所反映的内容主要是市民阶层的生活。其他的拟话本小说还有《西湖二集》《清夜钟》《石点头》等。

这一时代人们对于文学的基本观念、基本主张，是贯通于"雅"文学和"俗"文学两方面的。这里，李贽同样起了极重要的作用。他在鄙薄六经、《论语》《孟子》等儒家经典的同时，却大力推崇《西厢记》《水浒传》等通俗文学，认为是一种"至文"，而且以极大热情评点《水浒传》等作品，借以宣扬自己的文学思想和人生观念。这给予当代文人以很大的影响。

"新儒学"的先声：宋、刘"理学"

儒臣，包括了两种人，一种是元末追随太祖起兵取天下的诸儒，如像宋濂、刘基等；另一种是明朝建国后因荐举或科举入朝为官的诸儒，如像方孝孺、解缙等。他们虽如后人所说皆朱子门人之支流余裔，但于事功却都有不同程度的作为，而且他们的学术都与政治的漩涡搅在了一起，成了成功的或者失败的政治家，而他们所处的特殊时代，也就决定了明初学术的状况。

宋濂，其先为金华人，至濂迁于浦江，幼年时就学于闻人梦吉，通"五经"之学，后从吴莱学，又学于柳贯、黄潜。元末荐授翰林编修，辞不就，著书龙门山十余年。太祖取婺州，召见，后命开郡学，以宋濂及叶仪为"五经"师。至正二十年（1360年）三月，与刘基、章溢、叶琛同召至应天（今南京），除江南儒学提举，授太子经，后改官起居注。入明后，官翰林学士，进侍讲学士，知制诰，同修国史，兼赞善大夫，复进学士承旨，致仕。晚年以孙宋慎坐胡惟庸党，免死戍茂州，病故于安置途中之夔州。

宋濂虽然早年投于太祖幕下，但终未跻身功臣之列，这与他始终以儒者自命有直接的关系。他的弟子方孝孺在为他所作的像赞中说："道术可以化天下，而遇合则安乎命也。该博可以贯万世，而是非不违乎圣也。无求于利达，故金门玉堂而不以为荣；无耻于患难，故遐绝域而中心未尝病也。卓然间气之挺出，粹然穷理而尽性也。事功、言语传于世者，乃其绪余。而其所存之深，所守之正，挠之而不倚，挹之而不罄也。"（方孝孺：《逊志斋集》卷一九《潜溪先生像赞》）方孝孺作为明初理学的代表人物，更强调其师承的理学家身份并不奇怪。但是他所谓的"绪余"，在元末明初之际乃是一种学风。谢国桢在谈到元、明之际的儒生们的时候曾经说道："至于杨

宋濂像

维桢、吴莱等的后一代，若刘基、宋濂、孙作、宋克等，他们比较年轻，少壮有为……他们无不摩拳擦掌，各抒自己胸中韬略，以发挥足智多谋的思想，所以他们所著的书籍，无不是诸子百家之言。刘基著有《郁离子》，宋濂著有《龙门子》，孙作著有《东家子》……形成了元末明初的学风。"

尽管宋濂更为追求儒者的身份，他却无法不去适应当时新旧朝交替的现实。在这一点上，他与那些投身于社会变革的儒者具有同样的心理：用儒家思想去为当政者服务。所以当太祖问他"何书为要"时，他则举《大学衍义》为对。无独有偶，与之同一时代的另一位儒士范祖幹，也曾有过同样的举动："太祖下婺州，与叶仪并召。祖幹持《大学》以进，太祖问治道何先，对曰：'不出是书。'"（《明史·范祖幹传》）这与那些以放浪形骸、陶情丝竹的、玩世不恭掩饰不安的元末文人是截然不同的。

就宋濂的学术而论，他主要是承袭宋儒朱学，他在所作的《萝山杂言》序中说道："濂自居青萝山，山深无来者，辄日玩天人之理，久之，似觉粗

有所得，作《萝山杂言》。"（《宋文宪公全集》卷三八《萝山杂言》）《萝山杂言》共二十首，述其对天人之理的认识，如：

人有奔走而求首者，或告之曰：尔首不亡也。指以示之，豁然而悟。学者之于道亦然。世求圣人于人，求圣人之道于经。斯远已。我可圣人也，我言可经也。弗之思耳。他在《六经论》中也说：六经者，皆心学也。心中之理无不具，故六经之言无不该。六经所以笔吾心之理者也。（《宋文宪公全集》卷三六《六经论》）

这很有些陆学的味道。所以著名的哲学史家容肇祖将其归入明初朱学中的博学或致知派，是后来心学一派的先声。

在明初朱学确立的过程中，宋濂等人起到了重要的作用。但是宋濂本人却是个调和朱、陆的学者。而且他在学术思想上明显受到佛家思想的影响，这在当时便是人所共知的事情。太祖曾经戏称他为"宋和尚"，而称当时的另一位著名高僧宗泐为"泐秀才"。

刘基，字伯温，青田人。元末中进士，任官江浙儒学副提举。史书中说："基博通经史，于书无不窥，尤精象纬之学。"（《明史·刘基传》）是一位诸葛孔明式的人物。太祖下金华，与宋濂等同受聘至应天（今南京），陈时务十八策，设计败陈友谅于龙江，再败之于鄱阳湖，为太祖翦灭群雄功最著。在学术上，他博通经史，读书甚广，是明初理学的代表人物。但正如人们所评论的那样，他于宋儒的学问之外，广读杂览，尤近于道家之说，早年甚至"欲作道未遂"，始受理学。在他的身上，表现出了一些宋代浙东事功派学者的遗传。

刘基的理学思想，主要集中于他投身太祖幕下以前的作品中，其中最具代表性的是他所著的《郁离子》，也可以算是元末明初学风的代表作，此外《天说》《春秋明经》等，也都集中体现了他的理学思想。例如天道观，他认为："天之质茫茫气也，而理为其心。"他同时也讲格物致知。尤其是他的"以经明义"的作法,更是与朱熹借经发义有着全然相同的目的。但是由于刘基较之元末明初的其他理学家更明显地追求事功,而且在他的学说中夹杂了许多百家之说的成分,人们往往不将他看作是明初典型的理学儒臣。这其实只是一种误解。从根本学术思想流派来看,刘基无疑属于理学的范畴。

"三杨"的"台阁体"文学

有明一代的文学发展可以分作四个阶段:明初、明前期、明后期和晚明。在这些不同的发展阶段中,相应产生了一些不同的诗文流派,而其中一些主要的流派又往往成为当时的文坛主流,对明代文学的发展起到了举足轻重的作用。

《明史·文苑传》说:"明初,文学之士承元季虞、柳、黄、吴之后,师友讲贯,学有本原。"也就是说,明初的文学主要是继承了虞集、柳贯等人的风格。虽然也有"宋濂、王祎、方孝孺以文雄,高(启)、杨(基)、张(羽)、徐(贲)、刘基、袁凯以诗著",但是并没有形成自己的流派。明初推行的文化专制限制了以后的文学发展,永(乐)、宣(德)以后,这种不良后果开始有所表现,即出现了所谓"气体渐弱"的局面。"气体渐弱"就是文学的呆滞萎缩。

这时候也还有继承元末文风的人物,例如解缙、胡俨,就都是《明史·文苑传》中所称"学有本原"者。胡俨"自言得作文法于乡先生熊钊,钊得

之虞道园（集），故其学有原本"（钱谦益：《列朝诗集小传》乙集《胡宾客俨》）。但是他们都只是元末明初文风的尾声，已经不能成为当时文风的主流，而只能是"气体渐弱"。值得回味的是，在这种"气体渐弱"的文学状况之下却比之明初不同地形成了一个文学流派——台阁体派。

"台阁体"派的代表人物是永、宣时期的"三杨"，即杨士奇、杨荣、杨溥。"以居第目士奇曰西杨，荣曰东杨，而溥尝自署郡望曰南郡，因号为南杨。"（《明史·杨溥传》）三人均官居内阁，历事四朝，所以他们所代表的文学流派被称作"台阁体"派。

"台阁体"是明初文化专制条件下的产物，从太祖到成祖所推行的极端专制统治，不允许人们在文学创作上的自由发展，而将文学作品限定在固定的格式之内。太祖时著名的"文字之祸""贺表案"发生之后，向全国颁发的贺表格式，便是这种限制的具体体现。成祖以藩王夺位登基，又具有好大喜功的个性，他所要求的文字就必须做到既平稳无奇，又雍容华贵。杨士奇、杨荣等作为成祖身边的近臣，平时所作文字多应制之作，大都是些歌功颂德的文字。又由于"三杨"当政时间甚久，这种文风对于明前期文坛影响也就甚大，数十年间官僚士大夫们竞相模仿，逐渐形成了一种固定的文字格式和套路化的辞句堆砌，限制了当时文学创作的发展。因此后人对于台阁体批评甚多。钱谦益在《列朝诗集小传》乙集中谈到杨士奇时曾评论道："国初相业称'三杨'，公为之首。其诗文号台阁体。今所传《东里诗集》大都词气安闲，首尾停稳，不尚藻辞，不矜丽句，太平宰相之风度，可以想见，以词章取之则末矣。"

但是，就杨士奇等人来说，似乎还不能笼统给予指责，其文风初成之时，在文禁甚严的情况之下，也曾给人以新鲜可读的感觉，因此方得以流行于士大夫之中。对此后人有评价：明初三杨并称，而士奇文章特优，制诰碑版，多出其手。

仁宗雅好欧阳修文，士奇文亦平正纡余，得其仿佛，故郑瑷《井观琐言》称其文典则，无浮泛之病，杂录叙事，极平稳不费力。

后来馆阁著作，沿为流派，遂为"七子"之口实。然李梦阳诗云："宣德文体多浑沦，伟哉东里廊庙珍。亦不尽没其所长。盖其文虽乏新裁，而不失古格，前辈典型，遂主持数十年之风气，非偶然也。"

在评论到杨荣时也说："历事四朝，恩礼始终无间，儒生遭遇，可谓至荣。故发为文章，具有富贵福泽之气。应制诸作，讽讽雅音，其他诗文，亦皆雍容平易，肖其为人。虽无深湛幽渺之思，纵横驰骤之才，足以震耀一世。而逶迤有度，醇实无疵，台阁之文所由，与山林枯槁者异也。与杨士奇同主一代文柄，亦有由矣。柄国既久，晚进者递相摹拟，城中高髻，四方一尺，余波所衍，渐流为肤廓冗长，千篇一律。"

应该说这些评论还是比较公允的，"三杨"初作虽未必如其所论那样的完美，但是后人的效仿则确是流弊的所在。"三杨"的文字，本是无才之作，而这种无才的作品竟能主文坛数十年之风气，则是文化专制的结果而绝非正常的现象。这种现象直至成化后，因"茶陵诗派"出现而始有所变化。

知识链接

"茶陵诗派"

"茶陵诗派"的代表人物是历官成化、弘治、正德三朝的内阁大学士李东阳。李东阳，字宾之，号西涯，湖南茶陵人，以戍籍居京师（北京）。李东阳在诗文上主张强调法度音调，而极论剽窃摹拟之非，被时人奉为宗师。茶陵派在诗文写作上对于台阁体的文风有所改变。李东阳与明初"三杨"地位虽然相似，但茶陵派与台阁体则有着本质的区别。茶陵派是在政治状况相对宽松条件下的产物，它虽然没有能够完全摆脱模仿之弊，但是在诗

文创作上找寻优秀的继承点,对于打破文坛长期以来的沉闷,还是有一定作用的。

"三袁"的"公安派"文学

在中国文学史上,一个家族出现数位名家的情况代有其家。人们比较熟知的是"三苏",即苏东坡兄弟和他父亲苏洵。但那是两代成三人;兄弟并称的有晋代"二陆",即陆机和陆云;"两潘",即潘岳和潘尼。兄弟三人并称,而且还能开创一个文学流派,便只有明代后期的"三袁"兄弟了。

"三袁"指晚明湖北公安的袁氏三兄弟袁宗道、袁宏道、袁中道。兄弟三人都是学者兼诗人,他们的外祖父和两个舅父也都鼎力相助,在家族亲眷中成立了一个六人组成的诗社——南平社。这在文学史上是极其罕见的现象。据袁中道《游学柿录》卷八记载:"故壬辰,中郎成进士,与伯修同请告归。伯修市一居,与予一小宅邻,住河西。中郎住河东。予外王父龚春所公及诸舅,俱居河东西。朝夕聚首,谭禅赋诗为录。"袁宏道进京科举,金榜题名后和长兄袁宗道一起回家。袁宗道在河西买一住宅,与最小的弟弟袁中道原来住宅比邻。而袁宏道和他们兄弟的外祖父及两个舅父都在河东西居住,提供了经常聚会的条件。于是这六个人便结成一个诗社,用公安故地名"南平"为名。

袁宗道(1560—1600年),字伯修,号石浦。他天资聪颖,19岁中举,20岁已有文集行世。27岁参加会试,名列第一。殿试本来应当进入一甲,

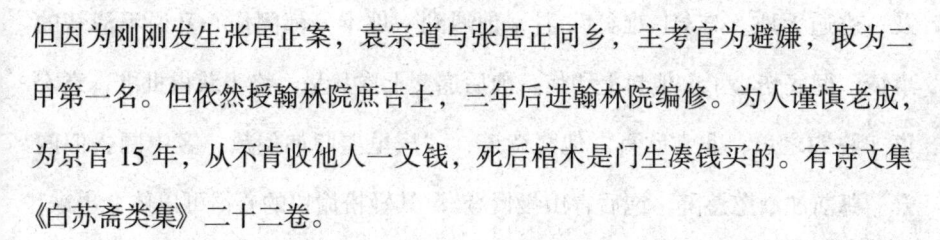

但因为刚刚发生张居正案，袁宗道与张居正同乡，主考官为避嫌，取为二甲第一名。但依然授翰林院庶吉士，三年后进翰林院编修。为人谨慎老成，为京官15年，从不肯收他人一文钱，死后棺木是门生凑钱买的。有诗文集《白苏斋类集》二十二卷。

袁宏道（1568—1610年），字孺修，改字中郎，号石公，又称六休。幼年聪明绝顶，4岁时，穿双新鞋，上有云卷图案，舅父龚惟长见了，借题出上联道："足下生云。"他应口回答："头上顶天。"使这位进士出身的舅父大为诧异。15岁中秀才，居然组织一个文社，其中很多成年人都钦佩他尊敬他。21岁中举，万历二十年（1592年）24岁进士及第。三年后被任命为吴县知县。吴县即今日之苏州，风景优美。更主要的是给他施展才能的机会。他到任一年，勤政爱民，宽严适度，风气大变，政通人和，令当朝宰相申时行赞叹道："二百年来，无此令也。"在朝为官的兄长袁宗道听说弟弟的政绩后，致信道："吾闻之又为之喜，功名升沉何足论，若真能有益于百姓，即是大功德，大行愿也。"（《白苏斋类集·寄三弟》）但不久，袁宏道因为一件诉讼案件被上级掣肘而郁闷，但又说不清道不明，因此产生急流勇退之心。便以祖母病重为由，递上辞呈请求辞职。百姓听说，苦苦挽留，全县寺庙设立道场，全县百姓虔诚祷告，每人自愿献出阳寿十天给县令大老爷的祖母增寿，请求留下袁宏道。

他在给朋友的信中陈述了官场中的无奈和当县令的苦处，非常有价值认识，说道："人生作吏甚苦，而作令为尤苦，若作吴令则苦万万倍，直牛马不若矣。何也？上官如云，过客如雨，簿书成山，钱谷如海，朝夕趋承检点，尚恐不及。苦哉！苦哉！然上官直消一副贱皮骨，过客直消一副笑咀脸，簿书直消一副强精神，钱谷直消一副狠心肠。苦则苦矣，而不难。唯有一段没见证的是非，无形影的风波，青岑可浪，碧海可尘，往往令人趋避不

及,逃遁无地。难矣!难矣!"看来他遇到一件十分郁闷伤心又说不清楚的事情,彻底伤心了。他封上印信,前后递交七次辞呈,终于获得批准,袁宏道如脱钩之鱼,非常欣喜。他写诗道:"病里望归如望赦,客中闻去似闻升。尊前浊酒憨憨醉,饱后青山慢慢登。"其轻松愉快的心情可以体会出来。当年他只有28岁。

万历二十六年(1598年),袁宏道到京师出任顺天府教授,是哥哥袁宗道为他谋求的。秋天,袁中道也被推荐到京师国子监成为太学生。

袁中道(1570—1624年),字小修。三袁同时来到北京。第二年初夏,兄弟三人在城西崇国寺葡萄园发起成立葡萄社,是以文学革新为宗旨的著名文学社团,标志着"公安派"正式登上文坛。开始对文坛产生强大的推动作用。

对于三袁文学观有重要影响的是大思想家李贽,三袁兄弟同时去拜访过他,对他的思想极其推崇,袁宗道和袁宏道还分别专门去向他求教,深受影响。在李贽哲学思想以及"童心说"文艺思想的影响下,三袁形成自己的文学主张,坚决反对复古拟古,主张创新,主张要有时代气息,抒写自己的真实感受,最精华的观点便是"独抒性灵,不拘格套",集中表现在袁宏道《叙小修诗》中:"大都独抒性灵,不拘格套,非从自己胸臆流出,不肯下笔。有时情与境会,顷刻千言,如水东注,令人夺魄。"类似的理论观点很多,他们极力赞美在当时不被重视的徐渭的诗歌,袁宏道在《与冯侍郎座主》的信中说:"宏于近代得一诗人徐渭,其诗尽翻窠臼,自出手眼,有长吉之奇,而畅其语;夺工部之骨,而脱其肤;挟子瞻之辩,而逸其气;无论七子,即李、何,当在下风。"很明显,是想用徐渭压倒声名显赫的前后七子。

明朝诗文,初期以朝廷重臣三杨为首形成"台阁体",类似北宋初年的"西昆体",是贵族小圈子里的文化奢侈品。从弘治到嘉靖大约80年间,复古主义弥漫文坛。先有李梦阳、何景明为首的"前七子",后有以王世贞、李攀龙为首的"后七子",竭力鼓吹复古,文人墨客纷纷奔走效仿,形成声势浩大的文学浪潮。口号是"文必秦汉,诗必盛唐",对于扫除台阁体的影响,振兴宋元以来衰弱的文风,也曾起到一定的作用。但这一文学运动的理论和指导方针本身就有很大的弊端,到后期就逐渐显露出来。这就是复古拟古成风,贵古贱今,实际是文学发展退化论,对于创建新的文学风尚极为不利。嘉靖年间,复古主义笼罩整个文坛。唐宋派的王慎中、唐顺之、归有光、茅坤等进行一些反驳,提倡唐宋散文,在散文领域起到一定作用,但在诗歌领域尚没有影响。直到"三袁"开创公安派,才使文学革新走上更健康的道路,开创了一代新风。此时,汤显祖在戏剧方面也是大力创新,传统文学和通俗文学遥相呼应,使文坛出现全新的局面。

"三言两拍"的"俗"文化

文化的需求是与社会经济发展相适应的。随着明代商品经济的发展,文化的商品化趋向日益明显,这也就必然促使原来为少数人服务的"雅"文化向"俗"文化发展,于是明代盛行一时的白话短篇小说也就相应而生了。

明代的白话短篇小说缘于宋、元的话本,也就是当时民间"说话人"的文字本,经过加工整理后,成为话本集,或者短篇小说集。明代的这类话本集最早的是嘉靖二十至三十年间(1541—1551年)由洪楩辑刊的《清平山

堂话本》。其中所辑的主要是宋元的话本，也有少量明代的话本。从现存的《清平山堂话本》篇目来看，二十七篇中共有十篇后来被选用于"三言""二拍"等白话短篇小说集之中。因此可知，《清平山堂话本》以及稍后的《京本通俗小说》《话本小说四种》等，不仅是对于宋、元话本的整理保存，而且更为其后的明代文人们改写与创作"拟话本"起到了推动作用。

明代民间文化的发展，使得士大夫们那种所谓的高雅文化受到了极大的冲击，于是一批文人士大夫开始从民间文化中汲取营养，创作出了雅俗共赏的作品。为了适应当时大多数人对于民间流行的说书故事的兴趣，他们在创作时有意模拟原来话本的结构形式，甚至有意突出取材于"书会先生"或者"老郎"，以示其来源有据，这于是也便形成了明代特有的短篇小说——拟话本的创作高潮。其中最有代表性的作品即是"三言""二拍"。

"三言"是冯梦龙编写的三部短篇小说集：《喻世明言》（原名《古今小说》）、《警世通言》和《醒世恒言》。

冯梦龙（1574—1646年），字犹龙、耳犹、子犹，号龙子犹，又号顾曲散人、茂苑外史、詹詹外史、姑苏词奴、平平阁主人、墨憨斋主人等。苏州长洲（今苏州市）人。崇祯三年（1630年）举贡，后任官寿宁知县。除去收集撰写白话短篇小说外，还擅长词曲，注意民间文化作品，曾收集时调编成《挂枝儿》《山歌》等时调集。其代表作即三部白话短篇小说集"三言"。

"三言"虽然以话本的形式写成，但是在内容上却有了很大的变化，即从传统以讲述历史故事为主，发展为以世情故事为主，增加了创作的活力。这些故事中的主人公，已不再限于那种千篇一律的才子佳人，而变成了发迹的商人、市井的女儿、刚烈的妓女，种种过去最普通的人开始成为文学中的典型形象。例如《卖油郎独占花魁》中的勤劳善良的卖油郎和追求爱情的花魁娘子，以及《杜十娘怒沉百宝箱》中以死向社会抗争的美丽善良的妓女杜十娘，都成了家喻户晓的人物。

"三言"中每集包括四十篇，共一百二十篇。每篇都是一个有始有终的完整的故事。其中刊行最早的《喻世明言》（《古今小说》）中保存的宋、元话本故事最多，《醒世恒言》中最少。总体来看，还是明人创作的内容占了大多数，其中许多便是冯梦龙自己的创作。

"三言"创作于明末，时代的许多特色被写入了作品当中。因此有些人一直认为"三言"属于市民文学作品的代表。从"三言"的故事中，我们确实可以看到当时市民生活的反映，这是晚明时代对文学作品的必然影响。但是从冯梦龙本人的情况来看，他还应该算作是典型的官僚士大夫，不过他"酷爱李氏（贽）之学，奉为蓍蔡"（《樗斋漫录》卷六），思想上属于反理学的进步的一派，因此他能够接受脱离传统的东西。但是他本人并不属于市民阶层，他也从来没有成为市民或者市民思想的代表，因此他也不可能创作出市民文学的作品来。他对于市民生活的描写，主要是由于当时社会发展变化的影响。事实上，商品生产的本身并不意味着社会形态的变化，只有通过商品生产去真正改变旧有的生产关系之后，才有可能发生社会形态的改变，也才有可能出现新的阶级。冯梦龙显然并没有代表这种变化。如果清楚了这一点，我们也就明白"三言"中那些维护传统道德观念的说教是十分正常的。

与冯梦龙的"三言"相比，凌濛初的白话小说集"二拍"，就完全站到了维护传统的立场上，成了典型的说教文学。

凌濛初（约1580—1644年），又名凌波，字玄居，号初成、稚成，别号即空观主人。乌程（治今浙江吴兴南）人。曾任上海县丞、徐州通判等职。他在思想上属于保守之列，他编写白话小说，主要目的是为了思想说教。

"二拍"即《初刻拍案惊奇》和《二刻拍案惊奇》两部白话小说。其中《初刻拍案惊奇》刊行于崇祯元年（1628年），《二刻拍案惊奇》刊行于崇

祯五年（1632年），各四十卷，每卷一篇，两书共有八十篇拟话本的故事，但两书中第二十三卷相重复，《二刻拍案惊奇》卷四十为杂剧《宋公明闹元宵》，因此实际收入拟话本故事七十八篇。"二拍"中的故事虽然也有采自宋元话本者，但经过了作者的重新创作，也大都被注入了宣传因果宿命和忠孝纲常的内容。与冯梦龙的反理学倾向相反，凌濛初则是摆出一副道学家的面孔。

《水浒传》的忠义文化

元末明初的时候出现了一个小说创作的高潮。这应该归功于话本的流行，正是因为话本在民间广泛流行的结果，激发了一些文人的创作兴趣，于是一些颇有集话本之大成味道的长篇历史小说先后问世。其中最有代表性的作品便是施耐庵的《水浒传》和罗贯中的《三国演义》。

《水浒传》施耐庵，名子安，一说原名耳，名彦端，字耐庵，兴化白驹场（今属江苏大丰县）人。生平事迹不详。只知曾中元末进士，因与权贵不合弃官归里。据传曾入张士诚幕下，其作《水浒传》时张士诚曾前往看望。从这些传说看，施耐庵可能确曾与张士诚有些关系。张士诚据苏州，礼遇文士，幕下聚集了不少文才之士。待到明太祖建国后，凡与张士诚有关的文士，多因此致祸。施耐庵事迹的不传，或与此有一定的关系。

《水浒传》是一部以北宋末年宋江为首的农民起义为题材的白话长篇小说。今天可知的版本有三种，即百回本、百二十回本和七十回本，均为明万

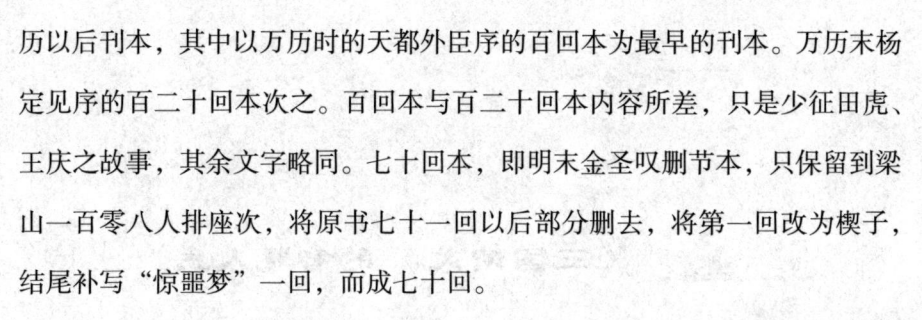

历以后刊本，其中以万历时的天都外臣序的百回本为最早的刊本。万历末杨定见序的百二十回本次之。百回本与百二十回本内容所差，只是少征田虎、王庆之故事，其余文字略同。七十回本，即明末金圣叹删节本，只保留到梁山一百零八人排座次，将原书七十一回以后部分删去，将第一回改为楔子，结尾补写"惊噩梦"一回，而成七十回。

在《水浒传》成书之前，已有宋、元间流行的《大宋宣和遗事》《癸辛杂识》和《瓮天脞语》等书，记述宋江起义故事。元代民间的说唱故事及杂剧中，也有不少的《水浒传》戏。施耐庵的《水浒传》便是在这些故事片段基础之上完成的。

《水浒传》成书于一个很特殊的时期，元末社会生活的丰富，尤其是"天高皇帝远，民少相公多"的江南一带文人士大夫们纵情诗酒的生活，为一些文人再创造这种历史长篇小说提供了条件。因此我们可以估计到，施耐庵的《水浒传》创作必然始于元末。在明初严厉的文禁之下，不可能创作出这样的长篇小说，而且事实证明，已经成书的《水浒传》在明初也没有能够刊刻流行。直到弘治间，民间对于宋江等人的故事，还只限于话本的描述，而士大夫们也仅知其故事见于《宣和遗事》等书，并不知道《水浒传》。《水浒传》成为流传于世的小说，还是明朝万历以后的事情。

《水浒传》是中国历史上一部划时代的小说，它第一次用生动细致的白描手法和穿插错综的情节表现了一部完整的历史故事，为其后长篇小说的创作确立了一个极高的起点。在它以后，再没有人能够在长篇历史小说上达到这样的高度了。它因此被后人称为明代"四大奇书"中的一部。

 《三国演义》的智慧人生

在史传文学和通俗文艺这两大系统几百年相互融合、相互渗透的丰富积累下，罗贯中创作出《三国演义》这部雄视百代的长篇巨著。

由于元代文人地位低下，明初也无好转，许多文学家的生平资料少得可怜，罗贯中的生平我们也所知甚少。他姓罗，名本，字贯中，生卒年不清，只能确定元末明初。籍贯有两说，一是"东原"（今山东东平），一是"太原"（今山西太原），尚未定论。明清以来还流传着罗贯中是施耐庵门人的说法，学术界对于这种记载的可信度尚有疑问。

关于《三国演义》的故事梗概、思想倾向、人物性格以及艺术成就人们大体都能了解。但其在外国流传的程度以及影响，国人了解并不多。

《三国演义》是一部历史演义类小说，共120回，约75万字。描写了东汉灵帝建宁二年（169年）至晋武帝太康元年（280年）110余年的历史故事，尤其集中于魏、蜀、吴三国的斗争。作者罗贯中，是元末明初的一位多产作家，生平不详。

《三国演义》的内容十分庞杂，时间和空间的跨度极大，涉及的人物也很多。作者以刘蜀政权为中心，抓住三国斗争的主线，井然有序地展开故事情节，描写了公元184年到280年间近一个世纪的历史故事，始于黄巾起义，止于西晋统一，形成了一个庞大有机的故事整体。全书集中描绘了三国时期各封建统治集团之间的军事、政治、外交等方面的斗争，揭示了当时社会的黑暗和腐朽，谴责了统治阶级的残暴和丑恶，反映了生活在灾难和痛苦中的人民迫切希望和平统一的愿望。

在《三国演义》中，塑造得最为出色的形象无疑是诸葛亮，他几乎就是超人智慧和绝世才能的化身。他隐居隆中时，对天下局势了如指掌，初见刘备即提出据蜀、联吴、抗魏的战略。在后来大大小小的战役中，他总能够出奇制胜。尤其在火烧赤壁这段故事中，三方的主要首脑都隆重登场，各自扮演着自己的角色，他的草船借箭、祈禳东风、华容布阵，无一不是出人意料的大手笔。刘备去世后，蜀国国力大减，他安居平五路、七擒孟获、六出祁山，一手撑起艰难的局面。那种排除万难的才能、坚忍不拔的毅力和"鞠躬尽瘁，死而后已"的精神结合在一起，成了封建时代"贤相"的典型。

《三国演义》把刘蜀集团置于全书的中心，以刘蜀与曹魏两大集团的矛盾斗争作为情节发展的主线，热情地表彰了刘备"上报国家、下安黎庶"的政治理想，颂扬了他宽仁爱民、敬贤礼士的政治品质，而对曹操的极端利己主义和残酷暴虐、狡诈专横的恶德劣行予以无情的揭露和鞭挞。"尊刘贬曹"的思想，从对董、曹、刘三人事迹和结局的描写就能看出这种取向，书中的这种思想并不是罗贯中所独创的，它最迟起于宋代，此后不断得到加强。这一方面是历史学方面的原因，一方面是受惯了欺凌和剥削的中下层民众对"明君"盼望的结果。

《三国演义》是中国长篇章回历史小说的开山之作，其艺术结构既宏伟壮阔，又不失严密和精巧，同时在照顾历史事实的基础上，又适应了艺术情节的连贯。

 《西游记》的神魔文化

《西游记》是一部妇孺皆知，人人喜欢的书籍。四个主人公更是家喻户晓，经常出现在各种工艺品上和各种文艺演出中，"孙猴子""猪八戒"更是人们喜爱的形象，民间俗语中也经常用他们来逗乐解闷。一部小说能够如此深入人心，足以体现其艺术魅力。

《西游记》描写唐僧玄奘去西天取经的故事。成书经历一个很长的过程。几乎从玄奘取经归来，译经结束后不久就开始故事的原始积累。玄奘自己写有一本《大唐西域记》，记录取经途中经过地域的地理风貌和风土人情，是纪实作品，今日许多学者也将其看作是地理书。不久玄奘弟子慧立等写作《大唐大慈恩寺三藏法师传》，据说是根据玄奘口述而成，其中明显有夸饰传奇的成分。到宋代，出现专门说唐僧取经故事的《大唐三藏取经诗话》，是个十分简略的"说话"，即说书人的提纲。已经具备《西游记》最主要的故事情节和人物，是西游故事流传中的非常重要的环节。宋元戏曲中，也出现一些西游记题材的作品，宋之南戏有《陈光蕊江流和尚》，金院本有《唐三藏》，元杂剧有《唐三藏西天取经》，明初杂剧有无名氏的《二郎神锁齐天大圣》等。这些不断积累的故事促使在明代中叶产生了空前的长篇神魔小说——《西游记》。《西游记》最早的版本是明代万历二十年金陵世德堂本，二十卷一百回。其他版本均不完整，至清代版本渐多。开始几个版本没有标明作者，后来经过发掘资料和许多学者考证，目前学术界基本达成共识，认为《西游记》的作者是吴承恩。

吴承恩（约 1504 年—约 1582 年），字汝忠，号射阳山人，淮安山阳（今江苏淮安）人。曾祖和祖父两代人都有学问却仕途不顺，只做过县一级训导或教谕之职，属于学官。吴承恩的父亲吴锐 4 岁时就死了父亲，家境清贫，受尽奚落和白眼。弱冠时就婚于徐氏，做了赘婿。继承其岳父的家业经营买卖为生。吴锐喜爱读书，对经商不擅长，再加上赘婿这种地位及其低下的身份，被人轻视，经常被人嘲弄，他父亲只能忍受，与社会格格不入，被人认为是"痴人"，吴承恩也被人称为"痴人家儿"。

但吴承恩本人非常聪明，曾任淮安知府的陈文烛说他"生有异质，甫周岁未行时，从壁间以粉土为画，无不肖物。而邻父老令其画鹅，画一飞者。邻父老曰：'鹅安能飞？'汝忠仰天而笑，盖指天鹅云。邻父老吐舌异之，谓汝忠幼敏"（见《花草新编序》）。

吴承恩像

天启《淮安府志》称他："性敏而多慧，博极群书，为诗文下笔立成。……复善谐剧，所著杂剧几种，名震一时。""善谐剧"特别值得注意，这正是创作《西游记》必须具备的修养。因出身卑贱，吴承恩科举蹭蹬，仕途偃蹇，40 岁左右方补个贡生，官只做到县丞，还受牵连进过监狱。社会上，各个阶层都已腐化堕落，官场上是胁肩谄笑，阳奉阴违，市井上是尔虞我诈，坑蒙拐骗，学校里是挤眉弄眼，欺世盗名，巧取豪夺。面对如此荒唐的社会现象，处在社会下层又"善

谐剧"的吴承恩便将愤世嫉俗的情绪，用玩世不恭的态度，发挥善于诙谐幽默的天赋，借助已有的便于驰骋想象的西游故事，奋笔疾书，写成流传千古的《西游记》。

从内容结构看，《西游记》可分为三大部分。开头到第七回写石猴出世，学艺后大闹天宫，被压五行山下。第八回到第十二回写唐僧取经的缘起，观音菩萨寻找取经人，而唐太宗答应营救泾河老龙性命而未果，游地府还魂后派唐僧取经。第十三回到最后，写唐僧师徒历经千难万险取回真经的经过。《西游记》的人物形象和对于后世的影响可以写成一本甚至几本厚厚的书，西游故事和那四个生动的人物形象不但获得中国人的广泛喜爱，而且早已成为世界人民共同欣赏和喜欢的人物和故事。由此可见，《西游记》不仅是中国的，也是世界的。

《金瓶梅》的现实主义文学

晚明时代是思想突破的时代，也是人们放纵和追求自我的时代，各种思想都希望能够得到自我表现的机会，这在小说的创作上得到了充分体现。晚明小说创作上于是出现了两种截然不同的倾向，一种是以《西游记》为代表的浪漫主义倾向，另一种则是《金瓶梅》所代表的现实主义倾向。

《金瓶梅》也是明代四大奇书之一。而它的奇特更在于其中那些毫无掩饰的性描写，因此它也成了中国古代色情小说的代表。

关于《金瓶梅》的作者，历来有着各种不同的说法。万历时人沈德符

《万历野获编》中说:"闻此为嘉靖间大名士手笔。"(卷二五《金瓶梅》)明人因此臆断此即指当时著名的文坛领袖王世贞,并由此而衍生出"苦孝说"的复仇故事。近人据万历四十五年(1617年)刻本《金瓶梅》中署名欣欣子的序中的一段话:"窃谓兰陵笑笑生作《金瓶梅传》,寄意于时俗,盖有谓也。"断定作者应当是兰陵(今山东枣庄峄城区)人,而且书中确实使用了不少山东方言,更使人由此而确认作者是山东人无疑。至于作者究竟为谁,目前尚未能有定论。

著名明史学家吴晗根据书中一些具体的记述,推断出该书的成书年代大约在隆庆至万历三十年以前。他说:"《金瓶梅》是一部现实主义小说,它所写的是万历中年的社会情形。它抓住社会的一角,以批判的笔法,暴露当时新兴的结合官僚势力的商人阶级的丑恶生活。透过西门庆的个人生活,由一个破落户而土豪、乡绅而官僚的逐步发展,通过西门庆的社会联系,告诉了我们当时封建统治阶级的丑恶面貌和这个阶级的必然没落。"

《金瓶梅》的创作方法是非常有特色的,它利用了《水浒》中武松为兄报仇杀西门庆的故事,说武松当时误杀他人,被刺配孟州。西门庆从此为所欲为,霸占潘金莲,又勾引结义兄弟花子虚的老婆李瓶儿,将花子虚活活气死,强娶富孀孟玉楼,还奸占丫环春梅、仆妇王六儿等,欺男霸女,谋财害命。只因花钱行贿,结交官府,甚至攀附太师蔡京为靠山,威福一方。鲁迅在《中国小说史略》中曾说:"至谓此书之作,专以写市井间淫夫荡妇,则与本文殊不符,缘西门庆故称世家,为缙绅,不惟交通权贵,即士类亦与周旋,著此一家,即骂尽诸色,盖非独描摹下流言行,加以笔伐而已。"

作者虽然预见了这样的社会的必然覆灭,却无从去找寻到任何出路,前途一团漆黑,只能寄之于因果报应之类带有宗教性的说教。

从此我们可以看出,《金瓶梅》作为一部现实主义的作品,生动地描述了晚明社会的一个侧面,对于当时政治的腐败,官僚士绅们的生活糜烂

等社会问题有所暴露。但是它却并未具有鲜明的现实批判的精神。书中大量关于生活中的性描写，流露出作者对于那种放纵生活的欣赏，从而反映出晚明士大夫们自身的局限，以及他们在那种奢靡纵欲的社会思潮中所扮演的角色。

《金瓶梅》是中国历史上第一部脱离开历史故事或者传说而以社会日常生活为题材创作的小说，开了写作世情小说的先河。它的出现，说明了中国小说发展日趋成熟，为以后如像《红楼梦》那样伟大的现实主义作品的创作提供了先例。

李时珍与《本草纲目》

李时珍（1518—1593年），字东壁，湖北蕲州人，我国明代著名的医学家、药物学家。他出生在一个世代行医的家庭，父亲李言闻是当地一位名医。李时珍从小就跟随父亲到病人家看病，上山采集药草，对医学产生了浓厚的兴趣。那时候，科举盛行，医生被看作没有出息的职业。李言闻希望儿子走科举考试的道路。在父亲的督促下，李时珍14岁就考上了秀才。但他对科举考试没有兴趣，三次考举人，三次都落选了。从此，他就决心行医，钻研医学，不再去应考了。

在长期的医疗实践中，李时珍治好了不少疑难杂症，积累了丰富的医药知识，成为远近闻名的医生。他虽然是位内科医生，但他对患有外伤的病人的痛苦感同身受。在修本草的时候，他读到了古代外科圣手华佗替人治病的事，其中提到麻沸散，它能够使患者在麻醉里接受剖腹剔脑的大手术而不知疼痛。麻沸散的主药是曼陀罗花，但这味主药该用多少才能起麻醉作用同时又不致中毒，历代的记述都没有说清楚。

李时珍决定亲自做曼陀罗花药量的试验。他把估计药量分成两份，叫徒弟在一旁监测，到自我感觉药性发作时，让徒弟用针扎自己的手臂，看痛感是否减轻甚至消失。

试验开始了，李时珍用黄酒把一份曼陀罗花粉吞服下肚。过了一会儿，他觉得有些头昏、心慌，于是他示意徒弟下针。但是，那针还是扎得他钻心痛。他知道药力不够，便断然将余下的另一份用黄酒吞服了下去。不大一会儿，李时珍只觉天旋地转，接着就昏迷过去了，徒弟再用针扎，他也不觉得疼了。就这样，李时珍以身试药，终于弄清了曼陀罗花的准确用量。

在行医过程中，李时珍读了许多医药著作。他感到历代的药物学著作存在不少错误，特别是其中的许多毒性药品，竟被认为可以"久服延年"，需要重新整理和补充。因此，他决心在宋代唐慎微编的《证类本草》的基础上，编著一部新的、完善的药物学著作。为了编好这部著作，他走访了河南、江西、江苏、安徽等很多地方。每到一处，他就虚心地向药农和其他劳动人民请教，采集药物标本，收集民间验方。很多人都热情地帮助他，有的人甚至把祖传秘方也交给了他。就这样，他得到了很多书本上所没有的知识，还得到了很多药物标本和民间药方。

《本草纲目》共收录了中药1892种，共52卷。卷一至四是全书的附录，收入序言、凡例、目录、附图、引用书目、资料及一些医药基础理论等等。卷五以后是全书的主体部分，李时珍把所有药物分为16部：水部、火部、土部、金石部、草部、谷部、菜部、果部、木部、服器部、虫部、鳞部、介部、禽部、兽部、人部。每一部又分为若干类，共计62类。其中植物1195种，动物340种，矿石357种。

书中更有历代医家临床验方11 096种,其中8 100多个为新增,另附各种矿植物插图1 127幅。

在药物解说方面,本草纲目包括八个部分:第一,释名,罗列典籍中药物的异名,并解说诸名的由来;第二,集解,集录诸家对该药产地、形态、栽培、采集等的论述;第三,修治,介绍该药的炮制法和保存法;第四,气味,介绍该药的药性;第五,主治,列举该药所能治的主要病症;第六,发明,阐明药理或记录前人和自己的心得体会;第七,正误,纠正过去本草书中的错误;第八,附方,介绍以药为主的各种验方及其主治。

《本草纲目》的分类是先无机物而后有机物,先植物而后动物。在植物类药物中,则先草、谷、菜而后果、木;在动物类药物中,则先虫、鳞、介而后禽、兽,最后则叙述人类药。该书首先是对矿物药之科学分类,这在无机化学方面也已具备一定的水平。

在生物药的分类方面,可以说是划时代的,基本上采用了"双名法"。其法虽不能达到现代所应用的拉丁系统双名法那么科学精确,但在明代却是世界上最为先进的。其次在关于动物药之分类方面,基本上有以下之特点:书中的虫类相当于无脊椎动物,鳞类相当于鱼类和部分爬行类,介类则相当于两栖类和少数软体动物类,禽类则为鸟类,兽类系哺乳类动物。其分类方法富有科学性,代表了当时的先进水平,近代中外学者称赞其有着生物进化论思想,为把人为分类法推向自然分类法做出了重要贡献。

知识链接

朱棣与《普济方》

朱棣(1360—1424),生于应天(今江苏南京),1403至1424年在位,明朝第三位皇帝,朱元璋第四子。朱棣从小就一直很喜欢做诗谈学,热衷医道，平时很注意收集古今方剂，对我国伟大的中医药学产生了浓厚的兴趣。洪武九年（1376年），朱橚被明太祖安排到外地去当藩王。这一年，朱橚和兄弟们一起来到安徽凤阳老家，那时被称为"中都"，这里埋葬着他们的祖父母，也是明太祖小时候为大户人家放牛放羊的地方。他在这里住了三四年，民间生活对他的思想意识产生了深刻的影响。在开封做藩王时，他就对各类药品、药方进行了深入细致的研究，并且组织了大批学者和大夫，编写了《普济方》这部巨作。

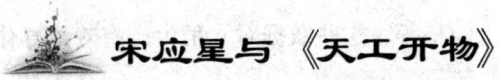

宋应星与《天工开物》

宋应星（1587—1665年）字长庚，江西奉新县人。他因编著《天工开物》而名扬后世。《天工开物》初刻于1637年，全书共18卷，内容包括作物栽培、养蚕、纺织、染色、粮食加工、熬盐、制糖、酿酒、烧瓷、冶铸、锤锻、舟车制造、石灰烧制、榨油、造纸、采矿、兵器、颜料、珠玉采集等，是一部中国农业和手工业各方面生产技术的总结性著作。

书之所以命名为"天工开物"，正体现了宋应星这样一种科学思想，它强调"天工"（自然力）与人工的配合，自然界的行为与人类活动的协调，人类通过技术从自然资源中开发出产物，以为人类生存和生活之需要。也就是说，"天工"是与人类行为相对应的自然界行为，"开物"是根据人类生存利益，将自然界中所包含的种物由人工开发出来。书中所说："草木之实，其中蕴藏膏液（油脂）而不能自流。假媒水火，凭借木石（木榨与石

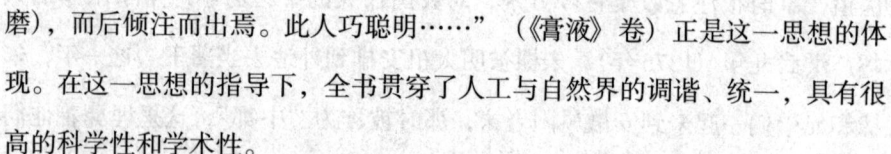

磨），而后倾注而出焉。此人巧聪明……"（《膏液》卷）正是这一思想的体现。在这一思想的指导下，全书贯穿了人工与自然界的调谐、统一，具有很高的科学性和学术性。

全书除文字叙述外，有插图 123 幅，展示了有关工农业生产的工艺过程。书中除个别章节引用前人著述外，绝大部分内容都是宋应星在南北各地进行实地调查的资料。在叙述生产过程及具体工艺技术的同时，宋应星还"穷究试验"，力图给予理论性的解释。

除了记述以往的传统科学技术外，书中还记述了不少当时先进的科技成果，并用技术数据给以定量的解说。例如：

《乃粒》卷中，提出秧田与本田之比为 1:25。又提出早稻食水三斗，晚稻食水五斗，失水即枯等，这些数据对水稻生产有着指导作用，为以往农书所未记述。同时，还论述了作物与环境的关系，外界环境变迁对作物物种变异的影响，指出通过人工选择可培育出抗旱的稻种。此外，还介绍了用砒霜作农药拌种防病虫害，以石灰中和酸性土壤等技术成就。

《粹精》卷中记述的水碓，以水力为能源，通过立式主轴带动各机件，同时具有灌田、脱粒和磨面三种功能，为当时世界上先进的农业机械。

《乃服》卷中记述的关于利用人工杂交培育新蚕种，为当时的新发明，是生物学的重要成就。

《五金》卷中，关于生熟铁冶炼法的记述，是当时对传统冶炼方法的革新。该法把冶炼生铁和熟铁的设备串联在一起，使所炼得的生铁液直接流入炒铁炉，炼成熟铁。这种连续作业的冶炼方法，降低了成本和炒铁时间，提高了工效，为当时世界上最先进的熟铁冶炼工艺。而关于炉甘石提炼金属锌（"倭铅"）的记述，以及所附的"升炼倭铅图"，是中国乃至世界上最早的炼锌记录，表明中国是世界上最早提炼出金属锌的国家。

正是由于《天工开物》内容极其丰富,故被视为是一部百科全书式的著作,英国李约瑟博士甚至因此称宋应星为"中国的狄德罗"。

 扩展阅读　朱载堉与《乐律全书》

在明朝,我国乐律研究上最重大的发现就是朱载堉的十二平均律。朱载堉(1536—1610年)明代著名的音律学家和历学家(天文学家)。他出身于明王朝贵族世家,其父亲是明宗室郑恭王厚烷。在他年幼的时候,曾随舅父何塘学习天文和数学,后因皇室内讧,其父被革爵位关入大狱,朱载堉就在皇宫门外自筑土屋独居19年。在这一时期,朱载堉潜心研究音乐理论、数学和历学(天文学),专心于著书立说,从事研究。

经过总结前人在律学理论方面的成就和经验之后,在明代万历三十四年(1606年),完成了《乐律全书》的写作与研究。但是在明时期,他的这一律学研究成果被宫廷王室放置在一旁,没有被认识和重视,因此,在当时没有得到应用和普及。《乐律全书》共四十七卷,由十五种著作汇集而成,包括《律学新说》《乐学新说》《算学新说》和《律吕精义》(内外篇)等,以及乐谱、舞谱等。

其中在《律吕精义》中,朱载堉系统地阐述了他通过精密计算和科学实验所创造发明的"新法密率"(即"十二平均律"),在律学理论上最终解决了历代众说纷纭的旋宫问题(即转调问题)。朱载堉在他所创立的十二平均律中,将一个八度均等地分为十二个半音,其相邻两律之间的振动频数

之比完全相等。这种律制是专为旋宫（转调）的方便而设立的，它克服了宋朝律学家蔡元定在十八律旋宫的繁琐和不实用，而直截了当地将音律定为十二份，并在距离上求得平均。

十二平均律的研究和出现，比西方在这一问题上的研究早一百多年，近现代大部分键盘乐器和弦乐器都以此律来定弦。因此，可以说在四百多年前研究的这一律学成果，充分显示了我国古代科学和律学的先进和发达。

第八章

经典"传奇"
——兼容并包的明代戏曲文明

元代戏曲是一个极度发展的时代,明代对戏曲的传承与发展同样呈现了繁荣的景象。杂剧是元代戏曲的重要形式,在此基础之上,明代对其进行了新的改进,形成了兼容并包的"新杂剧"。"传奇"戏剧是明代的一大创举,汤显祖的《牡丹亭》成为明代以至后来一直传唱的不朽经典剧目。尤其是经过魏良辅改进的"昆腔",更是誉满明清。

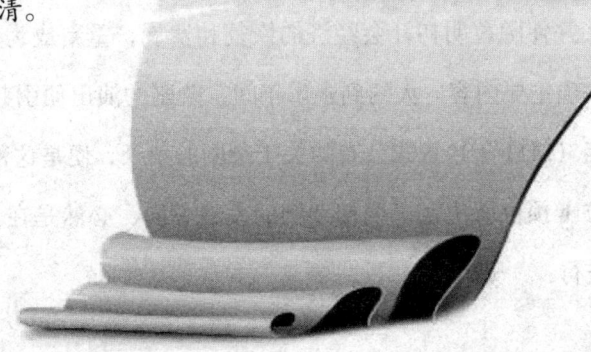

南北兼有的戏曲文明

在中国文学艺术史上，戏曲应该是一个独立的门类。它是一个包含了文学、音乐、舞蹈与表演等多项内容的综合文艺形式。所以近代学者王国维在给戏曲下定义时说："戏曲者，谓以歌舞演故事也。"这与"诗既变为词曲，遂以传奇小说谱而演之，是为乐府杂剧"的说法颇为相近。只是王国维于乐曲之外，加一舞字而已。但是，戏曲又不同于一般的歌舞或者说唱，它必须通过角色表演去表现故事的情节内容。因此它就必须具备两个部分：表演者和戏曲文学创作者。

在中国戏曲发展史上，元代的杂剧具有相当重要的地位，戏曲研究者们几乎一致认为元代杂剧的出现反映了中国戏曲开始进入了成熟阶段。杂剧到元末虽然有所衰落，但是仍然是当时的主要戏曲表演形式，所以到明初又继承了元杂剧的基本形式，并且逐渐发展形成了明代的杂剧。明初的杂剧不仅继承了元代杂剧的基本形式，而且同元代杂剧一样，以民间的演出为主，并伴随着明初社会经济的恢复和发展，重新成为城乡民间文化生活中的一项主要内容。大约到永乐年间，杂剧的演出便引起了朝廷的重视。永乐九年（1411年）正式公布的关于杂剧的禁令，便是这种情况下的产物。这种官方干预也就决定了明初杂剧的发展方向，必然是在当时政治允许范围之下进行：

凡乐人搬作杂剧戏文，不许妆扮历代帝王、后妃、忠臣、节烈、先圣、先贤、神像，违者杖一百，官民之家容扮者与同罪。

其神仙、道扮及义夫、节妇、孝子、贤孙，劝人为善者不在禁限。（《大明律》卷二六《搬作杂剧》）

在这样的限制之下，明初的杂剧几乎只能是以正统的忠孝节义的教化戏、正统的历史戏以及空洞无物的神仙戏为主，而与元代杂剧那种大胆揭露社会黑暗，表露人民心声的民众精神完全是背道而驰的了。

明初最有代表性的杂剧作家是周宪王朱有燉，史称其"博学善书"（《明史·周宪王朱有燉传》）。尤精北曲，作杂剧三十余种，大多为宣扬正统思想教化和神仙吉庆之类的作品。这种情况一直维持到正德时期，甚至到嘉、隆年间。

明中叶以后的文人士大夫们不满于那种千篇一律的教化戏和神仙戏，在文禁已弛的情况下，他们开始创作一些历史题材和世情题材的杂剧。这种文人戏的创作风气，使明杂剧发生了鲜明的变化，也由此而真正形成了明杂剧的特点。明末西湖福次居主人沈泰所辑的《盛明杂剧》收集的六十种明人杂剧，可以算作是明代文人杂剧的代表作，其中大多数是嘉靖以后的作品。

中国的文人士大夫们从来都有求"雅"的传统。他们对于文化的社会效益往往考虑得并不多，而更多地去考虑对于传统的保留。传统的民间俗文化往往可以被看作是当代的雅文化，而当代的新的通俗文化，则一般都被作为俗文化。明代的文人士大夫与以往不同之处在于他们既尽力去弘扬传统，以示其雅，又追求新的文化享受，以满足其日益膨胀的欲望。南戏流行以后，逐渐成为民间喜闻乐见的戏曲表演形式，代表了新的艺术潮流，原有的杂剧则成为传统的东西，而被社会认定为雅戏的范围，也因此而得

到了一批文人士大夫的欣赏。到万历间，江南地区南曲流行，北曲几乎尽废的情况下，只有南京还保留着北调，这显然与南京的留都地位有关。

比之为《广陵散》，即视为失传之雅乐，足见当时文人对于北曲的看法，他们为此而尽量去保存并且亲手创作用北曲演唱的杂剧，也就不足为怪了。

明代的著名杂剧作家除去周宪王朱有燉等人之外，还有不少正、嘉以后的文坛名流，如像康海、王九思、徐渭、汪道昆、梁辰鱼、叶宪祖、陈与郊、沈自徵、孟称舜、吕天成等。据目前学者们的统计，明代杂剧作家有姓名可考者约一百余人，作品约五百二十余种。不包括内廷的教坊杂剧，现存的剧本约有一百八十本左右。作家与作品数量均与元代所差无几。

而此时的文人杂剧与原来的杂剧也已经有所不同，首先是突破了元代杂剧四折一楔子固定格式的限制，可以多至七八折，乃至十几折，也可以只有一折。其次是突破了杂剧只用北曲演唱的限制，在演唱曲调上，既可以用北曲，也可以南、北兼用，成为一种全新的杂剧，我们似可称之为新杂剧。但是这种杂剧的改革也没有能够挽救杂剧衰落的命运，其结果只能使明人杂剧离开了舞台演出，成为文人案头戏曲文学的作品。在明代的演出舞台上，杂剧终于为传奇戏所取代。

盛极一时的"传奇"戏剧文明

"传奇"一词，在唐代指文人创作的小说。到了宋代后，不但指小说，还指诸宫调等演述故事的说唱艺术与戏曲。到了元代，既有称杂剧为传奇的，也有称南戏为传奇的，如元钟嗣成《录鬼簿》著录元杂剧作家与作品分类标目，即题作："前辈已死名公才人，有所编传奇行于世者。"到了明代之后，因南戏的几大声腔所演述的故事皆漫长而曲折，关目奇，人物形象奇，并渐渐培养了人们追求奇特的审美习惯，几乎到了无奇不传的地步，故而，人们将此时的戏曲称为传奇。

在明代嘉靖之前，南戏已形成了海盐、余姚、弋阳和昆山四大声腔，昆山腔晚出，前面三种声腔大约都形成于元末明初。

海盐腔，因形成于浙江海盐而得名。南戏流传到海盐后，结合了当地的方言土语、民歌小调，演述当地的生活故事，改变了原剧种的性质，蜕化成新的剧种。海盐腔曾一度发展为南戏的主要声腔，流布到江苏、山东乃至北京等地。它的演唱风格柔婉细腻，夹有滚调，乐器用鼓、板、锣等打击乐而无管弦。它最大的特点是采用官话，这当然是走出海盐之后的事。由于用官话，外地观众亦能听懂，消除了语言上的障碍，因此深受观众欢迎。反映明代万历时北方社会风貌的小说《金瓶梅》第63回、64回就提到了海盐腔的演出。

余姚腔的形成地为浙江余姚，它很可能对南戏的粗朴特点继承得较多，不像海盐腔细腻柔软，故不太受士大夫欢迎。明末《想当然》传奇卷首茧室主人在《成书杂记》中说："（余姚腔）俚词肤曲，因场上杂白混唱，犹谓以曲代言。"余姚腔的后裔情况如何？钱南扬先生在《戏文概论》中作了这样的阐述："余姚腔在江苏的下落无考，在安徽发展成青阳腔。"

弋阳腔，又称"弋腔"，因形成于弋阳而得名，形成的过程当和前两个剧种相似。到了明嘉靖年间，弋阳腔已经有了全国性的影响，弋阳腔戏班的演出区域北至京城，南至云贵。弋阳腔的艺术特点是原始、粗朴，没有丝弦，只用鼓来节制。至于歌唱，虽有曲牌，但并未严格遵循。由于它通俗易懂，又有丰富的民俗内容，故而深受普通百姓的欢迎。在昆山腔兴起之

后，一雅一俗，一精一粗，一主要在士大夫的红氍毹上，一主要在庙会草台上，形成了争胜的局面。弋阳腔不像海盐、余姚二腔，繁胜不久就消失了，它一直到清末，仍余绪不断。

昆山腔，又称昆腔、昆调。这一名称自然与形成之地——江苏昆山有关系。昆山隶属于苏州，而苏州自南宋之后，以富庶闻名，所谓"上有天堂，下有苏杭"，至元代时，它的经济发展的水平仍在全国的前列。其所属昆山、太仓、吴江、常熟，莫不是笙歌袖舞之地，即使是农村，也有着令人醉心的画面：青瓦粉墙，小桥流水，田畴泛起绿浪，山峦翠树如烟。烟波画船，古刹钟声。经济发达，必然会带来艺术的发展。当南戏兴盛之后，苏州便引入了南戏，成了锣鼓喧天的地方。元代许多著名的南戏剧本皆出自吴人之手，据清初张大复所编的《寒山堂新定九宫十三摄南曲谱》介绍，《王十朋荆钗记》为吴门学究敬先书会柯丹邱作，《张协状元》为吴中九山书会才人作，《蒋世隆拜月亭记》为吴门医隐施惠字君美作。吴人所作的剧本绝不止这些，就是上述的三本，也能说明吴人对南戏的热情态度。这三本都是名剧，且都有传本，可见作者皆是编剧高手，若没有一个编剧的群体队伍，没有长时间的创作积累，三五个人偶尔为之，怎么能达到如此高的水平？总之，在昆山腔形成之前，苏州地区就有南戏的戏班、南戏的编剧，一句话，南戏在此有深厚的社会土壤。

自有"昆山腔"之名时，它就不是一般的人人能唱的民歌小调，而是具有一定歌唱难度的声腔。

魏良辅改良的"昆腔"文化

魏良辅字尚泉,明嘉靖、隆庆(公元1522—1572年)年间著名戏曲音乐家,江西南昌人。曾做过医生。早年系统地学习和研究过南曲和北曲,在音律、作曲等方面有很高的造诣,因此,在年轻时就已显示出超群的音乐才华。由于他所处的时代是戏曲艺术盛兴和繁杂的时期,面对各地戏曲曲种在艺术上的缺陷和不足,亟待进一步的丰富和改善,因此魏良辅就将他的音乐才华投入到当时戏曲音乐的改革中来了。

在明嘉靖、隆庆年间,魏良辅首先将顾坚一手扶持起来的昆山腔在唱法上进行了改革和加工,在与当时一些著名乐师如张野塘(弦索乐器名家)、张梅谷(洞箫名手)、谢林泉(著名笛师)等对昆山腔的声腔进行了研究,吸取海盐腔、余姚腔的腔调优点,同时融入北曲的唱法,形成了面貌一新的声腔种类。

在对昆山腔进行改革的过程中,魏良辅提出了如下观点和作法,对当时的戏曲界有很深的影响。

首先,他要求在唱腔的音调上,做到高低起伏。同时,要把唱腔中字的声母和韵母正确地读唱出来,从而规范了声腔与曲词的关系。

第二,魏良辅一改原有昆山腔所特有的高亢腔调和直呼粗犷的唱法,讲求"过腔"和"收音"等细腻的音乐处理,形成了清柔婉转,似如"水磨"的演唱风格,后世称此种唱法为"水磨腔"("水磨腔"是指经过细致

雕琢和润饰的行腔方法）。

第三，魏良辅主张将昆山腔的节奏放慢，减少旧时曲调的那种节奏快捷的热烈气氛，即民间地方戏曲的粗略形式，增加了一种因节奏放慢而特有的冷清感觉（即"拍捱冷板"）。这种慢节奏的演唱形式，对昆山腔来讲更加附合现代戏剧演唱的形式，后来许多戏曲曲种广泛地采用了这种节奏形式。

第四，魏良辅对昆山腔的伴奏乐队进行了根本的改革。在这一改革之前，海盐、余姚和弋阳三腔的伴奏乐器多为鼓板等打击乐器，基本上没有弦管类乐器，因此，在音乐表现、渲染气氛和人物形象塑造上有很大的缺陷。为了弥补这一不足，魏良辅在昆山腔的伴奏乐队中加入了大量的弦管乐器，其中有笛、笙、箫、管、三弦、琵琶、月琴等，大大增强了音乐的表现力，使昆山腔的面貌焕然一新。经过改革和加工后的昆山腔，其戏曲艺术的整体水平得以极大的提高，其声腔成为当时十分流行的"时曲"。而戏曲音乐家魏良辅对昆山腔所做的贡献，则直接影响了我国后世戏曲艺术的发展。因此，可以说魏良辅是我国戏曲艺术史上一位十分重要的改革家和创新者。在对当时戏曲艺术的改革中，魏良辅根据自己的心得和经验总结，写著了一本传世著作《曲律》（共一卷十八条）。书中论述了有关昆山腔的歌唱方法、五音四声、腔调板眼、曲牌、南北曲风格的区别以及唱曲时需要注意的事项等，其文章简明扼要，贴切实用，是论述南北曲唱法的重要文献。

剧坛霸主："昆剧"文明

从嘉靖后期到隆庆、万历年间，昆剧进入了昌盛期，其表现有四个方面：

一是流布全国。明代的北京既是政治中心，也是文化艺术中心，任何艺术形式，没有迷人的艺术魅力，想在京城立足绝不是一件容易的事。然而昆剧进京之后，不久就成了北京的剧坛霸主。史玄《旧京遗事》记万历时事说："今京师所尚戏曲，一以昆腔为贵。"

二是班社众多。嘉、隆之后，吏制松弛，官员贪污成风，高官显宦者，土地阡陌相连，房屋鳞次栉比，奴婢数以千百计。而吴中文化厚积，读书仕进而成显宦者很多，加之经济富庶，有钱的乡绅数量也不少，他们大都蓄养优伶，组成家班，教以戏曲，以之自娱或娱人。

当时，因苏州受浓郁的昆剧风气的熏陶，一般人都会唱些昆曲，加之昆剧需用吴语说唱，故外地人欲置家班者都到吴地购买男女优童。直到康熙年间，仍是如此。《红楼梦》就写过贾蔷到苏州采买了十二个小女孩组成贾府的家班女戏。于是，许多普通人家以此谋利，让子女很小学戏，以供富贵人家选购。

三是剧作家创作热情高涨，作品如雨后春笋般涌现，且有很高的质量。其代表作是：沈璟的《红蕖记》《埋剑记》《十孝记》《分钱记》《双鱼记》《合衫记》《义侠记》《鸳衾记》《桃符记》《分柑记》《四异记》《凿井记》《珠串记》《奇节记》《结发记》《坠钗记》《情笑记》；汤显祖的《紫箫记》《紫钗记》《还魂记》《南柯梦》《邯郸梦》；陆采的《明珠记》《西厢记》；张凤翼的《红拂记》《祝发记》《窃符

177

记》《虎符记》《灌园记》《戾寥记》《平播记》；顾大典的《青衫记》《葛衣记》《义乳记》《风教编》；梁辰鱼的《浣纱记》；郑若庸的《玉玦记》《大节记》；梅鼎祚的《玉合记》；卜大荒的《冬青记》《乞麑记》；叶宪祖的《玉麟记》《双卿记》《鸾鲲记》《四艳记》《金锁记》；单本的《蕉帕记》，屠隆的《昙花记》《彩毫记》《修文记》；陈荩卿的《长生记》《投桃记》《种玉记》《三祝记》《狮吼记》《二阁记》《威风记》《彩舟记》《义烈记》《飞鱼记》《重订天书》；龙膺的《蓝桥记》；郑之文的《白练裙》《旗亭记》《芍药记》；余津云的《赐环记》《量江记》；冯梦龙的《双雄记》；爽鸠文孙的《题塔记》《宵光记》；阳初子的《红梨花》。上述作品中，有许多经过了四五百年时间的考验，成了经典之作，在戏曲史上有着显赫的地位。

四是许多人致力于戏曲表演理论的研究及戏曲剧目的品评。这方面的代表著作有王骥德的《曲律》与吕天成的《曲品》。

王骥德（？—1623年），字伯良，号方诸生、玉阳生。他的代表作《曲律》，共有四十章，分别探讨南北曲源流、南曲声律与传奇作法，以及戏曲创作和戏曲理论的许多重要问题，并对元、明两代戏曲作家和戏曲作品进行广泛的品评。他认为戏曲创作要尊重生活的真实，要"模写物情，体贴入理"；戏曲剧本要符合舞台的要求，不能只作案头剧。他认为写剧本要重视布局和剪裁；情节既不可荒诞不经，也不可落入前人之窠臼；节奏须流畅无碍，故事不可冗长无味；折与折之间不可脱节，应有紧密的逻辑关系。《曲律》具有理论的系统性、创新性和实践的指导性，对当时与后世的戏曲创作和戏曲理论都有较大的影响。

吕天成（1580—1618），字勤之，号棘津，别号郁蓝生，浙江余姚人。他的《曲品》是一部评论传奇作家和作品的专著。凡是嘉靖以前的作者和作品，分为神、妙、能、具四品；以后的作者和作品，分为上、中、下三品，每品又分上、中、下三等。他在该书中提出了许多真知灼见，如认为戏曲所选题材要奇特，人物和情节可以通过"传奇法"进行艺术虚构，但必须要合乎情理。关于本色当行，他认为，本色不仅是曲白运用生活语言的问题，需要内含一种机神情趣，用今天的话说，就是语言要表现人物鲜明而独特的性格。当行也不是仅对戏曲语言的要求，而是要求编剧者能熟练地掌握戏曲结构、戏曲语言与戏曲人物刻画等规律和特点。

到了晚明的天启、崇祯年间，由于政治危机与民族、阶级矛盾加剧，明王朝处于风雨飘摇之中，处处呈现出败亡之象。受此影响，昆剧亦开始走向低谷。稍有成就者是这样两类作品：一是与才子佳人小说同类题材的作品，如吴炳的《绿牡丹》和《西园记》，孟称舜的《娇红记》，阮大铖的《燕子笺》等；另一类是表现时代风云、描述政治斗争的作品，如袁于令的《瑞玉记》等。

"临川派"与"吴江派"的戏曲创作

明代传奇戏曲创作有两大著名流派：临川派与吴江派。临川派又称玉茗堂派，最主要的代表人物是汤显祖。

临川派剧作家中影响较大的还有吴炳和孟称舜、阮大铖等。

吴炳（？—1647年），字石渠，号粲花主人。宜兴（今属江苏）人。万历四十七年（1619年）进士，历官江西提学副使，并于南明时任官于桂王政府。所作传奇剧有《粲花斋五种曲》，即《西园记》《绿牡丹》《疗妒羹》《情邮记》《画中人》五种。这些作品在风格上追随汤显祖，而又有其自己的

特点，描写爱情细腻生动，情节曲折。其中《画中人》更明显地模仿汤显祖的《牡丹亭》，也是一部大胆言情的爱情剧。

孟称舜（1600—1655），字子若，一字子适、子塞，号卧云子、花屿仙史。会稽（今浙江绍兴）人，明末诸生。著有杂剧六种及传奇五种，并集成《柳枝集》《酹江集》两种元明杂剧选集。所作传奇《贞文记》和《娇红记》均为爱情悲剧。《二胥记》写春秋时伍子胥和申包胥的故事，虽然是历史故事，却十分注重人物感情描写，至情的主题是十分突出的。

阮大铖（1587—1646年），字集之，号圆海、石巢、百子山樵。怀宁（今属安徽）人。万历四十四年（1616年）进士。天启中附太监魏忠贤，名列阉党。崇祯时被削籍，流寓南京。南明弘光时任兵部尚书，排斥东林党人，后降清。《明史》中列入《奸臣传》。善作传奇，其代表作品有《燕子笺》等。

吴江派的代表人物是沈璟（1533—1610年）。沈璟，字伯英，改字聃和，号宁庵，一号词隐先生。因系吴江（今属江苏）人，人称吴江派。万历二年（1574年）进士，历官主事、员外郎、光禄寺丞。后告病还乡。居家三十年，专事词曲创作整理。作《属玉堂传奇》十七种，又据蒋孝《南九宫谱》增为《南九宫十三调曲谱》，考订了六百五十余支曲牌的声律，为现存最完备的南曲谱。此外还著有散曲《词隐新词》《曲海青冰》《情痴呓语》，并辑有《南词韵选》《北词韵选》，对于明代词曲的发展贡献很大。

沈璟在戏曲创作上主张讲究声律，语言雕琢，因此他的一些作品属于戏曲文学创作，并不适应于舞台演出。《红蕖记》《埋剑记》《双鱼记》均属此类。他的后期创作在语言上有了很大的变化。从现存的《义侠记》《桃符记》《坠钗记》和《博笑记》中都可以看出他后期作品崇尚本色语言的特征。他在戏曲创作中强调传统礼教的宣扬，如《义侠记》中将武松写成接受招安的大团圆的结局，在描述爱情生活的作品《坠钗记》中，则强调命运安排，这表现出了作者思想的保守性。沈璟在创作讽刺剧方面则有其特长，《博笑记》中的十个小故事，对于官场、世情的讽刺十分生动，这与他长期官场生活和仕途多舛的经历有一定关系。总之，沈璟作为吴江派的领袖人物，其在戏曲方面的影响虽然很大，但是在创作成就与创作的思想性上，是无法与临川派相比的。

吴江派除去沈璟之外，主要的作家还有冯梦龙、范文若、袁于令、王骥德、沈自晋等人。

汤、沈之后，临川、吴江的传人，在两派的创作技巧上有所融通，如临川派的吴炳、孟称舜、阮大铖等，"以临川之笔，协吴江之律"，吴江派的沈自晋等，也能不守门户之见，兼取两家之长，创作出一些较为成功的作品。另外也有一些不属于临川或者吴江派的戏曲家，也创作出了不少优秀作品，如高濂的《玉簪记》、周朝俊的《红梅记》和孙仲龄的《东郭记》等。

明代的传奇发展到临川、吴江派的作品，无论从文学创作还是宫调曲牌上都更加规范化。在表演角色和演唱方法上，也都达到了一个新的高度，这都反映了明代戏曲的日趋成熟。因此，明代戏曲在中国戏曲史上是有着相当重要的地位的，它是继元代杂剧之后，中国戏曲发展的又一个新的阶段。对于其后中国戏曲的发展具有划时代的意义，并且一直影响到今天的传统戏曲。

明代戏曲的发展，造就了不少表演技艺高超的演员。如侯方域为之作传的南京名伶马锦，便是其中的佼佼者。

汤显祖的"奇梦"戏曲作品

　　明代是我国戏剧发展的鼎盛时期，而它的成就又是和汤显祖分不开的。汤显祖是中国戏曲史上"四大奇梦"的创作者，在中国戏曲史上享有不可替代的地位。也可以说，正是汤显祖的成就，造成了明代戏曲的一个高峰。

　　汤显祖，字若士，一字义仍，号海若，一说又号若士，别署清远道人，晚年别署茧翁，临川（今江西临川）人，生于明世宗嘉靖二十九年（1550年），卒于明神宗万历四十四年（1616年）。汤显祖的戏剧创作开始于青年时代。当他初入仕途，以一个年轻的进士在南京礼部任祭祠司主事的时候，就有了创作的尝试。据说"四梦"中的《紫箫记》（后改为《紫钗记》）就是这个时期开始创作的。彻底和官场决裂后，他有了全部的时间和精力，特别是他获得了一颗解放了的心。于是，他全身心地投入到戏剧的创作之中。和官场的最后决裂，使他成为了闻名史册的伟大剧作家。和官场的最后决裂，开始了他生活的第二个乐章。在这个乐章中，他移家沙井，筑室玉茗堂、清远楼。在玉茗堂中，他为后人创作了包括"四大奇梦"在内的很多戏曲作品。

　　四部作品之所以叫作"奇梦"，是因为这四部作品中都有梦，而这个梦，又和人生有着重要的关系，它往往都改变了主人公的思想、观念、信仰甚至人生道路。这四部作品，都在临川写成，所以被称作"临川四梦"。这奇梦中的第一部，要推《牡丹亭》。

　　《牡丹亭》中的女主人公杜丽娘，出生于名门望族，家教甚严。古板的严父、泥执于封建礼教的塾师和没有一点儿生气的深闺，构成了一个窒息人生命的生活环境。当她有了青春的意识之时，产生了对爱情、婚姻朦胧的渴望，然而，这种渴望的表现如春睡、在衣裙上绣点鲜艳的花鸟，却受到了父母的指责。但外力是无法抑制住一个少女青春的情感的，杜丽娘由《诗经》中的《关雎》篇引发出更强烈的爱情渴望，自然也带来了更大的痛苦。在丫环春香的劝说下，她第一次来到了自家的后花园，当见到美丽的春色和双双对对的莺燕、自由自在生长的花草时，对照自己的不幸，她发出了这样深深的慨叹："这般花花草草由人恋，生生死死随人愿，便酸酸楚楚无人怨。待打并香魂一片，阴雨梅天，守的个梅根相见。"

涌动的春情让她做了一个美好的春梦，在梦中，她与一个叫柳梦梅的书生在芍药栏前，湖山石边，相依相偎，藉草花眠。梦醒之后，杜丽娘的芳心仍被这段情缘紧紧地牵引着，朝思暮想，废寝忘食，相思成疾，而又无法医治。病疴愈来愈重，最后于中秋佳节抑郁而逝。临死前她自画小像一帧，并嘱咐家人将她安葬在后花园的梅树下，把自画的小像藏在后花园太湖石中。父亲杜宝升官离任，在杜丽娘的墓地（即以前的后花园）造起一座梅花观，让一个道姑看守。

柳梦梅确有其人，在杜丽娘死后三年，他进京赴试，途中借宿其梅花观中，并在园内拾得杜丽娘的自画像。正在他思慕画中人之时，杜丽娘的鬼魂感应而来。他们夜合昼分，幸福地相处了一段时间。后来杜丽娘告诉柳梦梅，自己仅是一个鬼魂，但仍有还魂回阳的希望。于是柳梦梅掘墓开棺，杜丽娘则起死回生，两人便正式结为夫妇，同往当时的陪都临安赴试。杜丽娘的老师陈最良看到杜丽娘的墓被发掘，柳梦梅又不告而别，就往杜宝所镇守的淮安告发柳梦梅的盗墓之罪。柳梦梅应试之后，恰逢金兵内侵，朝廷延迟发榜。安抚使杜宝在淮安被围，杜丽娘担心父亲的安危，让柳梦梅前往探听消息，并告知还魂的喜讯。杜宝认定柳梦梅是盗墓之贼，便囚禁审问。敌兵退去后，正逢朝廷开榜，柳梦梅由阶下囚一变而为状元，但

是已经升任同平章军国大事的杜宝,仍拒不承认女儿的婚事,认为未经过"父母之命,媒妁之言"的礼俗,强迫其离异。后来在皇帝的干预下,才得到圆满的解决。

的确,汤显祖的《牡丹亭》所表现、所歌颂的就是一个"情"字,所有的关目、所有花团锦簇的文字也都围绕着这个"情"字。该剧通过杜丽娘梦中的爱情与伤情而死,以及死后与柳梦梅的结合,控诉了封建礼教对爱情与青春的扼杀;肯定了杜丽娘执著地追求爱情——现实中不能实现,就在梦幻中实现;活着不能实现,就在死后实现的合理性。作者本人也毫不隐瞒自己的观点,他在《牡丹亭记·题词》中说:

天下女子有情宁有如杜丽娘者乎。梦其人即病,病即弥连,至手画形容传于世而后死。死三年矣,复能溟漠中求得其所梦者而生。如丽娘者,乃可谓之有情人耳。情不知所起,一往而深。生者可以死,死可以生。生而不可与死,死而不可复生者,皆非情之至也。

在汤显祖看来,至情是人性中最为美好的东西,有至情之人才是世间最可爱之人。至情是一种巨大的力量,它可以不受生死阴阳界限的束缚。《牡丹亭》的思想基本上是通过杜丽娘这一形象而体现出来的。该作品的伟大之处在于没有将杜丽娘写成一个逆来顺受,在青春欲望的折磨中或者向礼教投降,听命于父母的安排,与一个素不相识没有任何感情基础的男人结合;或者强制地压迫自己的情欲,最后让自己的内心平静如水,整个人成为木偶砖雕,再也产生不了情的火花。而是塑造成一个与礼教抗争、对情爱作不懈追求的形象。她的追求是执著的,以至于为此献出了生命。然而,即使到了阴间地府,她也没有听从命运的摆布,而是乘十殿阎君裁革、老判放假之机会,飘然出冥,后见到了借观养病的柳梦梅,听到了他多情的呼唤，于是，毫不犹豫地委身于对方，其行为是那样的大胆、主动。

　　至此时，杜丽娘已经完全挣脱了礼教的锁链，任由自己情性自由地舒展，在她的身上，"情"与"理"交锋的结果是以"理"的失败而告终，她最终以"情"的完美的形象镌刻在观众的心中。我们若置身于16世纪那个令人窒息的环境中，来看杜丽娘的形象，就能理解其巨大的现实意义了。这样的一个大家闺秀的所作所为，对青年男女与守礼的顽固派们，该是多大的震动啊。对于前者来说，真是醍醐灌顶，原来以为礼教是端正人心的法宝，现在才知道它是扼杀人天性的魔杖；原来以为追求情爱是道德堕落的表现，现在才知道那是美好而健康的行为。对于后者来说，他们一定认为这样的剧作无疑会使淫风流荡、道德沦丧，是诲淫的毒草。

　　由于《牡丹亭》提倡人性解放，鼓励人们自由地发展天性，当时确实产生了很大的影响。《牡丹亭》的影响巨大而深远。剧本的出版和戏剧的演出次数在国内都无法计算。在海外，《牡丹亭》的影响也很大。剧本在清初顺治年间就传入日本，从20世纪开始，不断被翻译成外文出版。先后有日文、德文、法文、英文译本出版。《牡丹亭》的片断先后在德国、日本、美国的舞台上演出过。汤显祖因此也成为世界知名的戏剧作家。

知识链接：

李开先与《宝剑记》

　　李开先（1502—1568年），字伯华，号中麓，他的《宝剑记》共52出，写林冲被逼上梁山的故事，故事取材于小说《水浒传》而有所改动。

　　林冲原任征西统制之职，"只知忠君爱国，不解附势趋时"，因上本弹劾童贯而被谪降为提辖。他被降职后，仍不改往日的做派，又参奏太尉高俅，因而被高俅以看宝剑为名，将林冲骗入重地白虎节堂，问成重罪。林

妻张贞娘拼死击鼓鸣冤。林冲被刺配沧州充军，高俅又多次加害，欲将其置之死地。林冲被逼无奈，杀死奸细，投奔柴进，并在柴进的引荐下上梁山聚义。高俅之子高衙内图谋霸占张贞娘，贞娘逃出汴城，侍女锦儿代嫁，在洞房中自尽。贞娘在逃亡途中为尼姑所救，在白云庵出家。梁山英雄起兵攻打汴京，朝廷招安林冲宋江等人，加封官职，并将高俅父子交林冲发落。林冲报仇后，在白云庵与张贞娘相遇，夫妻团圆。

《宝剑记》中林冲与高俅等人的矛盾，主要是由于林冲一再上本参奏童贯、高俅等人结党营私，祸国殃民，他被逼上梁山，更多的是政治原因，而不仅仅是因为《水浒传》中所写到的高衙内想霸占林妻这样的个人恩怨。作品的着眼点，在于抨击当时的政治腐败，这样就比《水浒传》中的描写有了更深一层的社会意义。

当然，林冲被招安后得以报仇，虽然很有些做恶者终无好下场的警示作用，但总让人觉得现实根据不足，带有过分强烈的主观色彩；他报仇后，在白云庵与张贞娘团圆的故事也未免落入大团圆的俗套了。

剧中的几个主要人物——忧国忧民的林冲、坚贞不屈的贞娘、奸佞恶毒的高俅都写得比较成功，对后世的影响也比较大，其中《夜奔》二场一直是昆曲的保留节目。

扩展阅读　《浣纱记》的"西施"灵魂

梁辰鱼（1519—1591年），字伯龙，号少白、仇池外吏，昆山（今江苏）人。终身不仕，专心创作戏曲。其作品今存传奇《浣纱记》和杂剧《红线女》。梁辰鱼除对戏曲创作有重大贡献之外，对于嘉靖以后昆腔的发展也起到了重要作用。

《浣纱记》原名《吴越春秋》，共45出，通过西施和范蠡的悲欢离合，写春秋时吴越两国的兴亡之事。吴越争斗，越国战败，越王勾践被俘，与臣下忍辱负重，得赦返越。越王用范蠡之计，向吴王进献浣纱女西施。西施入吴后，离间吴国君臣。后来越国反攻，占领吴宫，吴王夫差自杀，范蠡功成身退，携西施泛舟而去。这部作品歌颂了越国君臣团结一心，奋发图强的精神，对夫差的骄奢淫逸、刚愎自用、信奸拒谏的行为进行了揭露和批判。在这个历史故事中，寄托了作者自己对明王朝的不满。《浣纱记》大约写于嘉靖、隆庆之中，当时专权祸国的严嵩奸党势焰才消，朝政腐败，国势衰落，外番也正虎视眈眈于中原大地，边境地区外族入侵不断。人民生活苦不堪言，梁辰鱼实则是以历史故事表现现实的政治。

作为戏剧主人公的西施和范蠡的爱情故事，跳出了个人恩怨的圈子，将国家的兴亡蕴于这一个爱情故事之中，则是一个创新。这种借爱情故事抒发兴亡之感的作法，对后来洪昇的《长生殿》和孔尚任的《桃花扇》都有一定的影响。范蠡的功成身退，说明范蠡对封建君主有清醒的认识，也说

明作者看透了险恶的现实，深感功成身退，避谗远祸才是正确的道路，这中间有着作者自己的寄托。同时，范蠡与西施的团圆，表明他们的爱情以相互理解和共同的志向为基础，而不受封建贞操观念的影响，这在当时的社会里也是难能可贵的。

　　《浣纱记》对后世的戏曲影响很大，《回营》《转马》《进施》《寄子》《采莲》《游湖》等出一直是昆曲舞台上的折子戏，后来流行在戏剧舞台上的西施故事多源于《浣纱记》。

第九章

纸墨留香
——千古流芳的明代书画文明

明代时期的绘画继承了两宋的传统,特别是宫廷绘画的特点。在早期,产生了以戴进、吴伟为首的"浙派",同时吴伟也是"江夏派"的代表。明代中、后期,宋元以来的文人水墨画风体裁得以复兴,发展为以沈周、文徵明、唐寅等为代表的"吴门四家",以及以董其昌为代表的"松江派"。在花鸟画方面,技法不时有所创新,徐渭所开拓出的大写意花鸟笔墨豪迈,对后期画坛影响深远。

齐头并进的书画时代

书法在中国属于传统的美术范畴，它与中国绘画是密不可分的。以往研究明代书法的专家在谈到明代书法时，将它分作了早、中、晚三个发展阶段。并且谈到了书法发展与绘画的发展是极为相像的，或者说是完全同步的。这是因为在中国传统美术中，书法和绘画往往是统一的整体，一位著名的画家，往往同时也是一位卓有成就的书法家。然而在明代这种情况却有时会稍有所不同，当明初的以宫廷画师为主体的"院体派"作为绘画主流的时候，他们与士大夫们的书法偏好就存在有一定的距离，所以那时候绘画称为"院体"，书法则与文学一样，称之为"台阁体"。这种情况直到明中叶以后，文人绘画兴起后，才逐渐统一。但是即使是在那时候，明代绘画还是作为士大夫雅兴中的专门技术的，而书法则是他们所有人的必修科目，而且是他们进入仕途的敲门砖。正是因为这样的情况，在明代，书法的发展与其说与绘画的发展同步，倒不如说它与文学的发展更为接近。

明初的书法，首推"三宋"，即宋克、宋璲和宋广。实际上，"三宋"的书法，尤其是宋克的书法，代表了元末明初的学风，是当时时代的产物。

宋克（1327—1387年），字仲温，长洲（今江苏苏州）人。《明史·宋克传》中说他："伟躯干，博涉书史。……性抗直，与人议论期必胜，援古切今，人莫能难也。杜门染翰，日费十纸，遂以善书名天下。时有宋广，字昌裔，亦善草书，称二宋。"宋克那种喜击剑走马的性格，决定了他在元末天下大乱的情况下，才会有"思自树功业，乃谢酒徒，去学兵"的作为（高启：《凫藻集》卷四《南宫生传》）。因此，他的书法也必然得于他的这种任侠的性格。从这一点来看，他比刘基等人更带有元末文人士大夫风气。

"三宋"之中，宋濂之子宋燧是与方孝孺同辈的人，同样是属于那种学风的范围，他们与后来的沈度、沈粲兄弟是截然不同的。

沈度，字民则。弟粲，字民望。松江华亭（今上海松江）人。兄弟皆善书，度以婉丽胜，粲以道逸胜。度博涉经史，为文章绝去浮靡。洪武中，举文学，弗就。……成祖初即位，诏简能书者入翰林，给廪禄，度与吴县滕用亨、长乐陈登同与选。是时解缙、胡广、梁潜、王琏皆工书，度最为帝所赏，名出朝士右。日侍便殿，凡金版玉册，用之朝廷，藏秘府，颁属国，必命之书。（《明史·沈度传》）

沈度以丰腴温润的书法而得到明成祖的欣赏，并由此而成为"台阁体"书法的代表。但是"台阁体"本来是人们对当时以内阁大学士"三杨"为代表的文章风气的通称，沈度并非阁臣而以其书法为"台阁体"，原因应当在于他的书法与当时"台阁体"的文章一样"首尾安闲"，是一种平和稳重的风格与富贵堂皇的气派，只有这样的东西，在当时才会为帝王所爱，并推成时风。书法上的"台阁体"与文学上的"台阁体"一样，在此后数十年间始终是书法的主流。

一种并不高明的书法竟能够统治书坛如此之久，这与永乐以后科举的确立有着密不可分的联系。在科举考试中，书法是考官取仕的一项重要内容，而"台阁体"的流行，就迫使应试的文人们不得不随波逐流，以求中式。"台阁体"书法也就因此而能够久盛不衰了。

明朝中叶以后，这种情形开始有所变化。随着画坛上文人画的兴起，书法开始逐渐向绘画靠拢，这时候的书法流派没有再出现与文学流派相同的名称，而是出现了与画坛相同的"吴门派"书法。虽然如像李东阳及其后的沈周等人，在书法上也同样采取了追寻古体的方式，借以打破"台阁体"的禁锢，但是却不再比于东阳的茶陵派或者前后七子的复古派了。文人画本身就是诗文与绘画的统一。所以"吴门派"的书法家大部分也是"吴门派"的画家，只是在其代表人物上，或有重书重画之别。

"吴门派"书法的代表人物是祝允明、文徵明与王宠。

祝允明（1460—1527年），字希哲，因生而枝指，故号枝山，又号枝指生。史称其"五岁作径尺字，九岁能诗。稍长，博览群集，文章有奇气，当筵疾书，思若泉涌。尤工书法，名动海内"。（《明史·祝允明传》）祝允明所擅极广，隶、楷、行、草、章草皆通，在明中叶的书法家当中，他当属首屈一指的。

文徵明是吴门画派的主将，也是吴门书法的代表。他最擅小楷，今传的作品，如《离骚经》《前赤壁赋》《后赤壁赋》等，都是绝妙的精品。其中有的是他晚年所作，并无丝毫衰老之态，相比之下反而较之中年之作更为苍劲有力。

现代学者对于"吴中三家"有极为精辟的论述，强调了时代的作用和书如其人的特点："祝允明才华横溢，书学广博，但生活不甚检点，经常狎妓酗饮，因而其书也是不拘一篇得失，纵横散乱，而时出病笔。但是只要是他的用心之作，其精彩之处，又常是别人所不能企及的。文徵明和他大相径庭，一生书学严谨，老而弥笃，生活检束，恬于清淡。其书法度有余，遒劲而和雅。而王宠'凤仪玉立，举止轩揭，读书石湖上，偃息长林丰草间，含嚑赋诗，倚歌而诗，邈然有千载之思。'大有晋人遗风。这些鲜明个性的流露，在'台阁体'中是不可想象的。"

万历以后，董其昌和邢侗、米万钟、张瑞图并称四家，成为晚明书法的代表。但是如同画坛一样，其他三人是不能同董其昌相较的。而事实上董其昌的书法比他的绘画在中国美术史上有更大的影响。他自己也认为同时代的人无可相比，能够相比的只有元初的赵孟頫，他曾经说："余书与赵文敏较，各有短长。行间茂密，千字一同，吾不如赵。若临仿历代，赵得其十一，吾得其十七。又赵书因熟得俗态，吾书因生得秀色。吾书往往率意。当吾作意，赵书亦输一筹。第作意者少耳。"（《佩文斋书画谱》卷四四《书家传》二三《董其昌传》）

如果说赵孟頫于苏、黄、米、蔡之后以其秀丽妩媚的"松雪体"书法影响元明两朝近三百年的话，那么董其昌则是继其后而起，以秀逸潇洒的风格影响了明末至清代的三百年书坛。他是中国书法史上开一代风气的宗师，也是中国书坛上最后的一位宗师。

 篆刻技艺的再度兴起

自明代起产生的一些有成就的篆刻家，在用刀、布局、印文方面各具艺术个性，为时称赏，并为后人效法，形成了不同的艺术派系。

1. 文彭与"三桥派"

文彭（1497—1573年），字寿承，号三桥，长洲（今苏州）人，系文徵明的长子，其花甲那年以岁贡生授秀水（今浙江嘉兴市）训导，后改顺天（今北京）府学训导，升国子学录、南京国子监博士，均为教职，故人称其

为"文国博""国子先生""两京国子博士"。文彭的篆刻直接受益于其父。明代中后期,苏州的商品经济十分发达,大大地推动了各门艺术的发展,文彭就是在这时期出现的一位大家。尽管文彭在从事篆刻活动时《顾氏集古印谱》尚未编纂出来,但他与嘉兴项氏、上海顾氏均有过往,而项顾两家均收藏了大量的古玺印,文彭有幸寓目把玩,从中得到借鉴。同时,文彭还有幸购得四筐冻石,从而把明代文人用石章进行创作的现象推向了高潮。文彭的篆刻颇有书卷之气,典雅而平和。在篆刻发展史上,文彭有"继往开来之功"。他开创了我国印学史上第一个篆刻流派"三桥派"。晚明一些著名的篆刻家多直接或间接地受到他的影响,何震、苏宣、金光先等为其大弟子,后均负有盛名,直到清初中期,还有许多印人拜倒在他的印风之下。

2. 何震与"雪渔派"

何震在篆刻史上是一位既能集大成,又能出新开派的一代宗匠,其师先秦古玺、法汉急就章、拟汉玉印、仿汉满白文,以及摹元朱文印者,无不似、无不能,何震在得"旧人笔意"的同时,最能体现其水平的是其用刀,文彭刻印用中锋,何震则用偏锋,偏锋浅行,驱刀阻力小,能得猛利爽健之艺术效果。何震的篆刻代表了一种新的艺术形象,"天下群起而效之"(明·吴名世《翰苑印林》序)。他所创立的印派称为"雪渔派",安徽、福建、浙江诸地均受到他的影响,其中沈千秋、吴午叔、吴孟贞、梁袤、胡曰从、邵潜夫为其重要成员。

3. 苏宣与"泗水派"

苏宣(1553—?),字尔宣,一字啸民,号泗水,大鄣(今安徽歙县)人。苏宣乃侠义之士,而当时一些著名的收藏家因为此故也乐与交游,使其有机会观摩到大量的古玺印;在当时摹刻集古印谱的高潮中,苏宣与何震等一样,被人雇为刻手,所刻数量动辄成百上千,又为石刻,在这一过程中,使他有了"始于摹拟,终于变化"的认识,故其经过磨砺,篆刻水平

达到了一个相当的高度，同何震一样，其篆刻不主故常，然归于浑朴典雅，能传文彭之法。苏宣所创为"泗水派"，程远、何通、姚叔仪、顾奇云、程孝直等人为该派的重要印人，清初的程邃、清中叶的邓石如等也不同程度地受到他的影响。

4. 汪关与娄东派

汪关（？—1614年），初名东阳，字杲叔，后得"汪关"汉印，遂更名关，字尹子，安徽歙县人。汪关也是明代后期仿汉热潮中产生的一位大家，传世的汉印有的完好如初，有的受水土侵蚀而有破损，前面提到的三位大家，都在不同程度上追求烂铜趣味，故其抱着避同求异的心态，直追汉印的原始效果，所拟汉人印作达到乱真的地步，得到名流激赏，程嘉燧、李流芳等广为其扬名，李流芳谓："今世以此道行者，自长卿而后有苏啸民、陈文叔、朱修能诸人，独杲叔贫而痴，足迹不出海隅，世无知之者。然能掩有秦、汉、宋、元之长，而独行其意于刀笔之外者，不得不推杲叔。吾谓长卿而后，杲叔一人而已。"

汪关运刀以冲带削，印作刚中寓柔，静中寓动，丰润秀逸，从容安详，可贵的是，汪关在猛利印风走红的背景下，以温文尔雅处之，对他来说，就像他以篆刻为谋生手段一样也是一种冒险行为。由于有名人为之延誉，求印者盈门，他同何震一样获得了成功。因汪关居娄东（今江苏太仓，因娄江东流经过太仓而得名）故其所开印派被称为"娄东派"。其子汪宏，清初沈世和、林皋、巴慰祖等人步其后尘。

5. 朱简及其印派

朱简，字修能，号畸臣，后改名闻，安徽修宁人，活动在明朝的万历至崇祯年间。所交皆一时名士，如书画家米万钟、李流芳、赵宦光、陈继儒、王樨及戏剧家汤显祖、礼部侍郎钱谦益等。擅篆刻，于篆刻理论多有卓识，著有《印经》《印章要论》《印书》《印品》《菌阁藏印》和《修能印谱》

等。

他深究古印,印作在形式上极尽仿古之能事,如自用印"朱简"和"修能"形式上就源于先秦私玺。尤其是"朱简"印,印文瘦劲、爽利处取自汉玉印和凿印,两种风格融合得恰到好处。

朱简的刀法对后来的巴慰祖、丁敬都深有启发,显示了他篆刻艺术的强大生命力。他强调"印外求印",在前人基础上迈出了可贵的一步。

6. 程邃印派

程邃(1602—1691年),字穆倩,号垢区、垢道人、青溪朽民、野全道者、江东布衣,安徽歙县人,住扬州。早年从黄道周、杨廷麟游,是一位很有民族气节的书画篆刻家。

程邃篆刻初宗文彭、何震,学朱简,后博采众长,融会贯通,摒弃陈陈相因,久无生气的"明人习气"。参合钟鼎古文,出以离奇错落的手法,创凝重古拙之风格,对印学更有所发展,成为明末清初篆刻艺术领域的一面旗帜,奠定了皖派的基础。程氏篆刻风格对其后的邓石如有一定影响,是后期皖派的代表人物。

 蜚声画坛的"吴门四家"

"吴门四家"指的是明中叶以后定居于苏州的四位蜚声画坛的吴派名家,即沈周、文徵明、唐寅、仇英。

沈周(1427—1509),字启南,号石田,一号白石翁。长洲(今江苏苏州）人。其父沈恒吉、伯父沈贞吉均以画名，故承家传而学画。善诗文而生平不仕，纵情于江南山水之间，长于山水画，写生花鸟亦俱佳。沈周的绘画特点是兼学并蓄。他除去家传之外，早年曾学画于杜琼等人。杜琼是位博学多才之士，世称东原先生。苏州知府况钟屡荐，而不肯赴官，很有文人气。他在绘画上宗五代北宋董源的风格，这对于沈周有较大的影响。所以沈周成年后十分着意于模仿董源、巨然和吴镇三家，兼学元人的绘画，临摹的作品，几可乱真，人称"尤得心印"（《明画录》卷三）。他的这种画法，影响到当时的绘画，推动了元人画风的复兴和临摹风气的兴起，摆脱了明代院体画的局限，而在文学上的擅长，也增添了他作画的情趣与意境，逐渐形成了明中叶以后的文人画风格。沈周的山水画作品，早期学元明之际的王蒙，用笔细缜，被人称之为"细沈"，后期改变风格，用笔粗放，人称之为"粗沈"。沈周之后，继之而为吴门代表的是文徵明和唐寅。

文徵明（1470—1559年），初名璧，以字行，更字徵仲，别号衡山。《明史》中说："徵明幼不慧，稍长，颖异挺发。学文于吴宽，学书于李应祯，学画于沈周，皆父友也。又与祝允明、唐寅、徐祯卿辈相切劘，名日益著。"他虽然出身于官宦家庭，生活条件优越，但是为人和介，衣着质朴。正德末荐授翰林院待诏。嘉靖中，因不附张璁、杨一清而致仕，从此居乡专力于诗文书画，名声甚著。史称：四方乞诗文书画者，接踵于道，而富贵人不易得片楮，尤不肯与王府及中人，曰："此法所禁也。"周、徽诸王以宝玩为赠，不启封而还之。外国使者道吴门，望里肃拜，以不获见为恨。文笔遍天下，门下士赝作者颇多，徵明亦不禁。（《明史·文徵明传》）这比之沈周的风格又更加文人化了。

文徵明在绘画上继承发展了沈周的风格，并师法王维、赵孟頫。他的作品虽有浓重的文人色彩，却不仅于用墨，且重于用色，不止于粗放而且能工致精细，文采儒雅，颇增书卷之气。所以他的作品深受当时文人士大

夫们的欢迎，名声与门人都有超越其师沈石田之势。

唐寅（1470—1523年），字伯虎，一字子畏，号六如居士、鲁国唐生、逃禅仙吏、桃花庵主人等。是与文徵明同时代的著名书画家，也是"吴门四家"之一。吴县（今江苏苏州）人。少年有才，弘治十一年（1498年）乡试第一名，次年会试，因科场泄题案被牵，谪浙江为吏，耻而不赴，遂以卖画为生。工诗擅画，于山水、人物、花鸟等无不通，尤长于人物。

唐寅在绘画风格上兼有文人画与院体画的特点，学者们一般认为这是因他文人的气质和以卖画为生的现实所致。这也更增添了他作品自身特点，使之成为雅俗共赏的艺术品。他并且因此而名声甚著。所以后人称："吴中自祝允明、唐寅辈，才情轻艳，倾动流辈，放诞不羁，每名出教外。"（《廿二史札记》卷三四）唐寅由于仕途的挫折，而将怀才不遇的情感以狂放的形式表现了出来，所以应该说，他虽然接受院体派职业画家的影响，但是更多的还是他的文人本色。不过唐寅所处的时代，明代社会开始发生变化，以王守仁为代表的新儒家兴起后，开始强调个性的追求。这对于唐寅等人在绘画上的突破不无作用。唐寅曾受召于宁王宸濠府中，后因察知宁王有异志而佯狂归，筑室苏州桃花坞，与友人诗文作画其中，终于没有成为皇室的画师。

仇英（1506—1555年），字实父，号十洲。太仓（今属江苏）人。是"吴门四家"的最后一位画家。

他与文徵明和唐寅等人的不同之处，在于他并非文人出身。他年轻时曾为木工，喜绘画，后移居苏州并以院体派画师周臣为师，又与文徵明等人交往，逐渐形成了自己的画风。在"吴门四家"中，仇英是一位典型的画技派的画家，他曾经长期客居于当时著名收藏家项元汴家中，临摹"天籁阁"的藏画，用力甚勤。所以仇英的画既有文人画的气蕴，又有院派画的传统，以笔墨细腻见长。

吴门派的绘画追求文学与绘画的统一,强调画本身的意境,提倡神似,对于其后中国绘画的发展影响颇大。

"松江画派"的代表:董其昌

董其昌(1555—1636年),字元宰,号思白,华亭(今上海松江)人。万历十七年(1589年)进士。官至南京礼部尚书。长寿和高官对于他在书画方面声望固然有所作用,但是更为直接的原因还当是他在文人画方面的成就。今人评论他的书画时曾说:"董其昌的绘画以山水见长,宗王维、董源、巨然、二米和'元四家',以墨韵幽雅、意境深邃取胜,而不求形似。"

他作画构图严谨却落墨放纵,逸笔草草之中,生趣盎然。他善于用夸张的笔法,去捕捉流动的大气,描绘多变莫测的云烟雾雨,使得绮丽多姿的山水,更富有浪漫主义的色彩。又往往于村渚沙岸、溪水小桥、渔舟孤庐、峰峦层林的秀润简淡的景色中,寓以抒情的诗意和丰富的暇思。他创作的山水,兼书、诗、画之美,成为文人画的典范。

《明史·董其昌传》中也说:"其画集宋、元诸家之长,行以己意,潇洒生动,非人力所及也。"但是由于他过于追求笔墨功夫,片面强调形式,逐渐陷入了缺乏自然真趣的书斋化之中,将其后的文人画引入了误区。

董其昌在当时画坛上影响极大,他与李流芳、杨文骢、程嘉燧、张学曾、卞文瑜、邵弥、王时敏、王鉴被后人称作"画中九友",基本上垄断了明末的画坛。

董其昌在绘画上提出了所谓"南、北宗"的理论，强调南、北绘画的区别。但是他提出这一理论的目的并不全在于对绘画的流派总结，而在于要贬低"北宗"抬高"南宗"，将"南宗"的文人画推崇到无以复加的程度。并且强调绘画构图的所谓"三段法"，即远山、中川、近坡树的三层次入景。这本来是出于透视学对于景物的观察结果，但是过于的强调则导致了程式化的弊病，使山水画离开了真实的山水，变得千篇一律起来。事实上，文人画的最大弊病本在于弃形求雅，它虽然可以打破画院的院派气，但却失去了造型艺术的基础。因此明代成功的画家，都必须对于两者兼收并蓄，董其昌过于强调文人画的本身也就必然不利于其后绘画的发展。董其昌本人在书画上虽然卓有成就，但是他对于其后的影响则有消极的一面。

文人画的繁兴造成了晚明绘画流派的众多，除去董其昌的"松江派"之外，还有顾正谊为代表的"华亭派"，宋旭、赵左的"苏松派"，沈士充的"云间派"，蓝瑛的"武林派"，项元汴的"嘉兴派"，萧从云的"姑熟派"，邹子麟、恽问的"武进派"，盛时泰的"江宁派"等等，流派之多，为画史之罕见。

董其昌传世作品有藏于北京故宫博物院的《云山小隐图》卷、《赠稼轩山水图》轴，藏于天津市艺术博物馆的《烟江叠嶂图》卷，藏于辽宁省博物馆的《潇湘白云图》卷，藏于上海博物馆的《遥山泼翠图》轴、《秋兴八景图》册，藏于吉林省博物馆的《昼锦堂图》卷，藏于台北故宫博物院的《荆泾访古图》轴，藏于美国波士顿美术馆的《流云烟树图》轴，藏于日本大阪市立美术馆的《归盘谷序图》卷，藏于南京博物院的《山水图》卷、《松溪幽胜图》轴。

他的《高逸图》以平远两段式章法处理画面，近画坡石松杉，中间溪水宽阔，对岸平滩浅渚、山丘数层，小溪从山丘两边延伸至远方，溪山林木处茅舍数间。全幅枯笔墨画、折带皱法，得自倪瓒遗意，显然是仿古之作。

"仿"画之风因董氏对笔墨"文气"的倡导而盛行,其功过是非难以定言。论功,则由此对元代四家的笔墨进行系统的研究,使之成为一套规范化的语言;论过,则削弱进而取代了画家对描绘对象的观察与体验,失去语言的鲜活性。本幅上方自题诗一首:"烟岚屈曲槛交加,新作茆堂窄亦佳。手种松杉皆老大,经年不踏县门街。高逸图赠蒋道枢丈,丁巳三月,董其昌。"

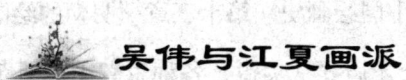

吴伟与江夏画派

吴伟(1459—1508年),字次翁、士英,号小仙、鲁夫,湖广江夏(今湖北武昌)人。所以成名后人称之为"江夏派"。吴伟从小就流露出绘画天赋,7岁时画了一幅画,并题字:"白头一老子,骑驴去饮水。岸上蹲踏蹄,水中嘴对嘴。"令老师十分惊讶。后来,吴伟的画名逐渐传开。

吴伟擅长画人物山水,时常绘制巨大的山水画。吴伟在画法上继承戴进,并有所发展,较之戴进更为遒劲奔放。明人李开先在《中麓画品》中评论他的画法时说:"小仙其源出于文进,笔法更逸。重峦叠嶂非其所长,片石一树粗简者,在文进之上。"这与他在生平的相对顺利和性格的放荡有一定关系。

吴伟以才华而得宠,又以得宠而傲视权贵,这种豪放的性格则又决定了他的绘画风格。所以他的山水画,早年作品较为工整,中年以后愈发苍劲豪放。他的《江山万里图》《观瀑吟诗图》都属这类作品。他除去山水画外,兼工人物,画法学唐人吴道子,善白描,《铁笛图》是他这方面的代表

作。

吴伟是浙派的继起，也是浙派的尾声。近人评论说："吴伟继戴进为浙派盟主，与北海杜堇、姑苏沈周、江西郭诩齐名。用笔则雄健豪放，用墨则挥洒淋漓。其纵横自如，痛快排奡之趣，固有墨飞笔舞之妙，然以过事驰骋，难免剑拔弩张之弊，只图快意，毫无蕴藉含蓄之致。士气日少，作家气愈多，浸假而为霸悍俗浊之态。习之者更肆为狂怪以骇世惊俗，已为画道之蠹。至钟钦礼、郑颠仙、张路、张复阳、蒋嵩辈，私心妄用，焦笔枯墨，点染粗豪，板重颓放，狂态可掬。异派之讥评蜂起，而浙派自身亦渐以不振矣。"（俞剑华：《中国绘画史》第十三章《明朝的绘画》）

晚明是一个社会矛盾异常尖锐、各种思潮十分活跃的时期。长期以来，封建正统的孔孟儒学和程朱理学，在这个阶段受到严重的冲击，一种新的美学观开始突破封建束缚慢慢发展起来。

这一时期，以徐渭、李贽、汤显祖、"公安三袁"为代表，掀起了个性解放的浪漫狂飙。他们都强烈地表现出宏扬人主体精神的强烈愿望。这种愿望反映到书法上，是传统的"二王"审美观和中和审美观，受到个性张扬的"非"中和审美观的挑战。书法上与明中期相比，发生了惊人的变化。他们标新立异，各具特色，虽书风迥异，但笔下所呈现出的多元化及从中流露出的颓废狂狠的情绪，却是那个标榜个性解放思潮和正处于即将崩溃的王朝的背景下，士大夫文人们复杂心理的真实写照，在此以反流俗思潮的徐渭为代表。

徐渭（1521—1599年），字文清，后改文长，号天池山人、青藤山人、田水月等。浙江山阴（今绍兴）人。长于诗文、戏曲、工书画。才华甚著而屡试不中。嘉靖中受知于总督胡宗宪，入其幕下。宗宪入狱后畏祸佯狂避于富阳。隆庆中又因杀妻被逮，晚年游于宣化（今属河北）、辽东及南北两京，贫困终生。这种坎坷的经历造成了徐渭愤世嫉俗的性格特点，这在他的戏曲作品和绘画作品中得到了充分体现。

他的绘画一反吴派文人画那种恬雅闲适的平稳，处处表现出一种情感的发泄与个性的追求。这与当时社会上泰州学派传入那种反传统的思想特征是十分相合的。他们都代表了当时明朝知识界强烈的思想变革要求。徐渭的绘画因此而带有极强的随意性，不受任何局限，不求模仿。他在吸收宋、元诸家和当时一些画家技法风格的基础上，创造出了自己的特点，开创了中国画大写意的手法，对于后世中国写意画的发展有着极大的影响。

"宫廷院体画"绘画艺术

中国的传统绘画在宋元曾经出现过繁兴，不过宋代的绘画是以画院为主体，元代则文人画盛极一时。明太祖以一介布衣而得天下，故其在对待文化与文化人的态度上颇具畸形心理，明初的种种文化专制政策都由此而生。此种政治状况在明初画坛上的具体体现，就是宫廷院体画的发展。

在当然有"寰中士不为君用"的罪名，那就是说所有的文化人，首先必须为皇帝服务。这便决定了明初必然要改变元代的那种文人画繁兴的局面，而去模仿宋代的办法，实行宫廷画师的制度。于是明代的宫廷院体画也就因此而发展起来。

但是这时候的画家们，都是元末画派的传承人，他们在画法上继承了元代画家的风格，还没有形成固定的院体画派，画风上较为多样，而且其中多有由元入明的画家，如王冕、王蒙、倪瓒等，他们当中虽然也有入仕为

官者，但是并未成为宫廷画师，当时以宫廷画师名义在朝的主要有赵原、周位、王仲玉、陈远、朱芾与盛著等人。

永乐时的宫廷画师范启东曾说："长陵于书独重云间沈度，于画最爱永嘉郭文通。以度书丰腴温润，郭山水布置茂密故也。有言夏珪、马远者，辄斥之曰：'是残山剩水，宋僻安之物也，何取焉！'"（叶盛：《水东日记》卷三《长陵所赏书画家》）启东，一字起东，名暹，号苇斋，人称苇斋先生。昆山人。永乐中被召入画院，善画花竹翎毛，兼工书法。

郭文通，成祖赐名纯。画法师承元代画家盛懋，所谓"布置茂密"的风格，并因此而受到好大喜功的成祖的欣赏。成祖的这种好恶对于当时画坛风格的影响是不言而喻的。郭纯的山水，虽然在形式上是对元人绘画的继承，但是在绘画的精神上却同洪武中的宫廷画师们一样拘守成法，而并无丝毫的创新，所以他只能代表洪、永宫廷绘画风格的尾声。与郭纯同时的还有王绂（1362—1416年）。

王绂，字孟端，号友石生，一号九龙山人。无锡人。洪武中以博士弟子征入京师，因胡惟庸案所牵谪戍山西朔州（今大同），建文中隐居无锡九龙山（惠山），永乐中以荐授文渊阁中书舍人。他在绘画风格上师从王蒙，除山水画外，还擅长竹石，史称其"画不苟作，游览之顷，酒酣握笔，长廊素壁，淋漓沾洒"（《明史·王绂传》）。从这些情形来看，当时的宫廷绘画尚未形成固定的风格。

这一时期的宫廷绘画尚处于发展变化的过渡阶段。待到仁、宣以后，来自闽、浙等地的画师给宫廷绘画带来了新的风格，明代的宫廷绘画一改元代的画风，重现宋代画院的传统，从而真正形成了明代的院体画派。从仁、宣到成、弘的八十余年间，是明代院体宫廷绘画最为兴盛的时代，先后涌现出了一大批技艺精湛的画家。其中著名的有边景昭、赵廉、蒋子成、谢环、商喜、李在、周文靖、顾应文、倪端、孙隆、林良、王谔等人。

边景昭，字文进，福建沙县人，或谓陇西人，宣德中诏授武英殿待诏。以博学能文称。擅长花果翎毛，继承宋院体画之传，所作皆妍丽生动，工致绝伦。有《竹鹤图》（台湾故宫博物院藏）等。与同时代的宫廷画家蒋子成、赵廉有"禁中三绝"之称。

赵廉，吴兴（今湖州）人，善画虎，人称为赵虎。蒋子成，宜兴人，善画山水、人物、佛像。

谢环，字廷循，浙江永嘉人。永乐时召入禁中，宣德时授官锦衣卫千户，进指挥。善绘人物山水。所画《杏园雅集图》写内阁大学士"三杨"即杨士奇、杨荣、杨溥于杨荣私园中雅集情形，画中并有画家本人，故杨荣于该画题跋中有"永嘉谢君廷循旅寓伊迩，亦适来会"之语，可见其在朝中的地位。据说戴进未能入画院，即因其在宣宗面前进谗的缘故。宣宗本人也是略通绘画的，所以谢环不以画技而以所画内容排斥戴进，手法是相当高明的。其目的当然是为了保持自己在宫廷画院的地位，谢环当时显然已经是宫廷的首席画师了。

商喜也是宣德时以人物山水而名的画师，故宫博物院今藏的《宣宗行乐图》是他的代表作品。

再晚些时候的画师为林良（1436—1487年），字以善，广东人。他是天顺、成化时的宫廷画师，擅长花鸟，在当时绘画界的影响颇大，官至锦衣卫指挥。

林良之后又有王谔等。王谔，字廷直，浙江奉化人。擅长山水，有"今之马远"之称。官亦至锦衣卫指挥。

明代的院体画，到宪宗、孝宗父子的时候，可谓是到达顶峰了。宪宗和孝宗本人也都是长于绘事的，但是明代的院体画到这时候也开始走向了衰落。正德以后，吴门画派兴起，逐渐成为时代画风的主流。

 古典版画的插图文化

古典版画在明代是发展的盛期,雕版印刷图书达到较高的水平,书中版画插图成为时尚。以南北两京为中心的雕版印刷呈现不同的特点,北京、南京、苏州、杭州、歙县等地均成为印书作坊集中的地方。书商对插图极为重视,以数量多、篇幅大、刻工精细、风格多样而形成书籍的艺术感染力,吸引读者。插图中如北京的庄重沉稳,南京的单纯明快,徽州的富丽精缜,苏杭的工细典雅,均有自己的艺术风格。

北京书肆岳家刊印的五卷本《西厢记》《张珙崔莺莺相遇》插图,线条柔丽,刻制精美。苏州傅汝光等刻印的《便民图纂》附有《耕织图》,其中《牵砻》一幅,刻画长幼人物九个,或筛糠、或磨谷取米,人物动作紧张有序,面部表情活泼自然。且图上题有《竹枝词》:"大小人家尽有收,盘工做来弗停留。山歌唱起齐声和,快活方知在后头。"达到了图文并茂的插图效果。此外,还有明弘治元年(1488)印刊的《九九消寒图》,隆庆元年(1567)印刊的《春星图》,万历二十五年(1597)印刊的《八仙庆寿图》等明代古典版画,都显示出不同的艺术特点。

明代后期,单色版画开始发展,逐渐出现在一块版上敷数色印刷的版画或人工敷彩的版画。南京胡正言用套版彩印《十竹斋画谱》。这些尝试是古典版画印制技艺的一个飞跃发展,给彩印年画提供了技术经验。

明代古典版画的发展,加强了年画的艺术表现力。北京《西厢记》等书籍的木版插图，逐渐对天津杨柳青年画产生影响。南京、苏州、徽州等地的木版刻印插图，促进了苏州桃花坞年画的形成和发展。彩色插图的套版彩印技法，对明代年画的设色与套色制版有一定的借鉴作用。

明代是中国文学发展的又一个高峰，在承接了唐诗、宋词、元曲所留下的文化积淀之后，明代文学更是走向民间，文学艺术被大众化、民俗化。在这样的时代背景下，明代小说成为中国文学史上灿烂的篇章。中国历史四大名著，除了《红楼梦》之外，《三国演义》《西游记》《水浒传》均为明代作家所著。另外明代还有《儒林外史》《官场现形记》《醒世恒言》《警世通言》《喻世明言》《初刻拍案惊奇》《二刻拍案惊奇》等名著。这些作品均以现实主义的手法展现着生活，拥有非常高的文学价值。而作为以这些作品配置插图的版画家们，以高超的绘画技艺与深厚的文学修养，进行版画创作。可以说，没有足够的文化修养，是很难理解这些名著当中所蕴含的深意和内容，创作出来的作品，也不会拥有一定的社会意义，自然也不会符合书籍对于插图的要求。这样，版画家修养的提高，对年画创作必然会造成深刻的影响。明代古典版画对年画的发展极为重要，首先对于年画的艺术思想建立，艺术精神追求起到作用。其次，古典版画使年画脱离纯粹手绘的制作方法，可以成规模地进行作坊式的生产，对年画的普及

明代宫廷绘画

和发展起到了推动作用。

明代书籍插图画家古典版画的代表人物陈洪绶，字章侯，号老莲，又号悔僧、云门僧，浙江诸暨市枫桥镇陈家村人。擅长书籍的版画人物插图。他所作的版画稿本，主要是书籍插图和制作纸牌（叶子）用，著名的有《九歌图》及《屈子行吟图》十二幅、《水浒叶子》四十幅、《鸳鸯冢娇红记》四幅，以及《博古叶子》四十八幅、《正北西厢》多幅等。陈洪绶的《九歌图》插图版画，再现了屈原刚直不阿、爱国忧民的文人像，影响深远，其艺术形象表现至清代两个世纪无人能超过。

陈洪绶的另一组版画精品《水浒叶子》，栩栩如生地刻画了从宋江至徐宁等四十位水浒英雄人物。作品中线条的转折与变化十分强烈，恰到好处地顺应衣纹的走向，交代出人物的动势。陈老莲的《水浒叶子》技法精湛，人物生动，以至后世绘写水浒英雄的画工表现技法很难超越。

《西厢记》是陈洪绶给书籍作插图最多的一种，流传有张深之的《正北西厢》、李吉辰本《西厢》及李卓吾《评本西厢》三种。张本的六幅插图中，第一幅为莺莺像，其余直接描绘原作内容有《目成》《解围》《窥简》《惊梦》和《报捷》五幅，出色地表现了陈洪绶深厚的文学修养和高超的艺术水平。

《博古叶子》是陈洪绶去世前一年所作。由陈洪绶的好友、明末徽派最著名的刻工黄建中所刻。这套图共四十八幅，黄建中的精湛技艺，与陈洪绶的设计堪称珠联璧合，真实地展现了老莲晚年的画风和精神状态。陈洪绶的版画插图显示了明代古典版画的杰出艺术成就，必然对木版年画的艺术表现产生广泛影响。

 **扩展阅读　繁盛的印谱文明**

明代的印谱有近百部之多。不仅有集古印谱,而且有摹刻的印谱和个人创作的印谱等,其数量之多,质量之高是前所未有的。

集古印谱以上海顾从德所辑《集古印谱》为代表。《集古印谱》成书于明代隆庆壬申(1572年)间,收印一千七百余方,以原印精心钤盖而成。由于仅印行20部,远远不能满足社会的需要,顾氏又以《集古印谱》为基础,于万历乙亥(1575年)编辑出版了《印薮》。《印薮》收印三千多方,以木版翻刻印行。《印薮》的出版,受到了热烈的欢迎,"流通遐迩,尔时家至户到手一编"(赵宦光《金一甫印谱序》)。尽管木版印行的《印薮》质量无法与原印钤盖的《集古印谱》相比,当时也曾受到有识之士的批评,但对印坛的影响和贡献是巨大的:第一,为爱好篆刻艺术的人们提供了众多的临摹范本,在社会上形成了以汉为师的风气,并造就了一大批有成就的篆刻家。第二,促进了印谱的出版。在顾氏印谱出版至明末的七十余年间,又出现了八十余种印谱。明代的绝大多数印谱都是在顾氏印谱之后出现的。顾氏印谱极大地推动了明代篆刻艺术的发展,在篆刻史上具有重要的地位。

摹刻印谱与木版翻刻不同,摹刻印谱是由篆刻家摹刻汇辑而成的。摹刻印谱主要有两类:一是摹古印谱,如张学礼请何震等人刻的《考古正文印薮》(1589年成书)、甘旸的《集古印正》、程远的《古今印则》、朱简的《印品》等。二是摹篆刻家印的印谱,如程基摹刻何震印章而成的《何雪渔

印证》、程朴摹刻何震印章而成的《忍草堂印选》等。

自刻印谱是汇辑篆刻家自刻印章而成的印谱。明代开自刻印谱先河的是何震，辑有《何雪渔印选》（约成书于1595年）。其后的印人辑自刻印成谱者渐多，如苏宣有《苏宣印册》《苏宣印略》、程大宪有《程氏印谱》《竹印二谱》、梁袠有《梁千秋印隽》、胡正言有《胡氏篆草》、吴迥有《求定斋印章》《晓采居印印》、金光先有《金一甫印选》、汪关有《宝印斋印式》等。个人印谱的出现并逐渐增多，不仅说明篆刻地位的提高，主要表现在：在人们心目中，已不再是君子不为的雕虫小技，而是可与传世文章媲美的不朽盛事，而且对个人篆刻艺术风格乃至篆刻艺术流派形成都有积极的促进作用。

集体印谱就是汇辑众人所刻印章而成的印谱。万历四十五年（1617年）太仓人张灏辑成《承清馆印谱》四册，崇祯四年（1631年）又辑成《学山堂印谱》六册，第二年扩充为十册，收录当代篆刻家所刻印章二千余方，虽然体例不够完备，许多印章无法确知作者，但对考察明代篆刻的风貌是不可多得的重要资料。

第十章

宫俗民风
——多姿多彩的社会文化

明代社会是由最初的保守逐渐走向开放的时代,随着政治、经济、文化等方面的发展,明代人们的生活也同样随之改变。从皇家内院的冠服乌纱,到平民百姓的网巾小帽;从宫廷内的歌舞升平,到街头巷尾的民歌小调;从皇室大臣的宫廷宴饮,再到坊间民宅的酒茶,无不存在着风格各异的文化。总体上说,在明代无论是宫苑之内还是宫墙之外,人们的风俗、礼仪、生活文化等等都呈现了形式多样、多姿多彩的面貌。

明代官服与乌纱文化

明朝对"冠服之制"十分重视,洪武元年 (1368 年),针对元朝所流行的服饰,下诏"复衣冠如唐制",即恢复汉人服饰。洪武三年对皇帝的冕服、后妃的礼服、文武百官的冠服,以及士庶的巾服等都有明文规定。洪武二十六年 (1393 年),对服饰用料、颜色、花纹图案等都加以严格限定,"冠服之制"从此确定下来。

文武百官的冠服有朝服、公服和常服等。朝服冠上的梁数表示官员品级的高低。一品官有七梁,二品官六梁,三品五梁,四品四梁,五品三梁,六品、七品二梁,八品、九品只有一梁。凡出席重大的典礼都须穿朝服。

明代官服

公服在早晚朝奏,以及侍班、谢恩等场合穿着,以颜色、花纹及花径的大小显示品级的高低。一品至四品,绯色;五品至七品,青色;八品、九品绿色;未入流的杂职官和八品、九品相同。袍上的花纹,一品用大独科花,花径五寸,二品至七品花径大小依次递减,八品以下无花纹。束带,按品级也有区别。如在馆署内处理公务时穿的常服,一品用玉带,二品用花犀,三品用金锻花,四品用素金,五品用银锻花,六品、七品用素银,八品、九品用乌角。

此外,常服之冠称乌纱帽,是由唐代幞头演变而来的一种圆顶官帽,后来引申为官职的代称,如称保住官职叫"保住乌纱帽",革职罢官称"丢了乌纱帽"。

知识链接:

历史久远的乌纱帽文化

古代官吏戴的一种帽子,比喻官位。乌纱帽原是民间常见的一种便帽,官员头戴乌纱帽起源于东晋,但作为正式"官服"的一个组成部分,却始于隋朝,兴盛于唐朝,到宋朝时加上了双翅。

明朝时候,乌纱帽的命运有了关键性突破。由于官员们特别爱戴乌纱帽,朝廷遂正式将它列为王公百官上朝及处理公务的必要配备。并对规范其制作的样子为:以藤丝或麻编成帽胎,涂上漆后,外裹黑纱。呈前高后低式,两侧各插一翅。

街头巷尾的"巾、帽"文化

"巾"在明代受到高度重视,以至朱元璋亲自颁式天下。郎瑛(明藏书家)敏锐地抓住了平头巾、网巾为"前世所无"这一新鲜性,并将它归于

《国事类》的高度来记述，这就充分给予了巾、帽以十分崇高的地位。

而另一条材料之所以借"诗文"的面目出现，意在取悦，因为巾、帽自明中叶以来的变化，实在是既多又快，人对巾、帽的心情也似乎进入了一个创造性和欣赏性并重的时期。因此，当展开《云间据目抄》《留青日札》《华亭县志》等笔记小说、方志资料，试图对巾、帽发展状况做观察时就会发现，我们已经站在了一个巾、帽大洋的岸畔了，仅著名的巾就达百余种之多：晋巾、九华巾、逍遥巾、纱帽巾、华阳巾、和靖巾、方山巾、程巾、网巾、儒巾、平顶巾、汉巾、软巾、四角方巾、吏巾、二仪巾、平巾、万字巾、番子巾、披云巾、五台巾、飘飘巾、包角巾、縑巾、长者巾、乌角巾、幅巾、诸葛巾、五治巾、云巾、唐巾、勇巾、过桥巾、武士巾、乌纱万幅巾、东坡巾、四周巾、纯阳巾、老人巾、将巾、结巾、金貂巾、雷巾、皂隶巾、凌云巾、四开巾、桐巾、乌匼巾、阔幅巾、珠巾、新罗巾、夹罗巾、鹿巾、谷皮巾、化巾、尖巾、仆射巾、莲花巾、燕巾、云巾、圆头巾、方头巾、平头巾、渔巾、白鹭巾、飞詹巾、鹡鸰巾、山谷巾、阳明巾等等。

帽则有：棕结草帽、遮阳大帽、圆帽、鹅帽、堂帽、中官帽、瓦楞棕帽、瓜皮小帽、卷檐毡帽、红黑高帽、烟墩帽、边鼓帽、帷帽、大帽、缠棕帽、鞑帽、三山帽、僧帽、芙蓉帽、罗帽、纻丝帽、六板帽、瓦楞棕帽、凉帽、皮帽、春秋罗帽、鬃帽、皱纱帽、冬毡帽、圆帽、暖耳帽、席帽、蒲葵帽、草帽、五彩帽、双耳金线帽、锁锁帽等等。样式繁多的巾、帽，有不少是继承自唐、宋乃至更早朝代的遗制，如东坡巾、山谷巾、汉巾、晋巾、唐巾等。典型的如葛巾，或称为诸葛巾，一说创自诸葛孔明，另一说与陶渊明用以漉酒有关。唐武则天赐群臣葛巾子，呼为"武家葛巾子"。杜甫诗云"呼儿正葛巾"，正是说的这种头饰。

巾、帽若按社会各行业而分，则有武士巾、儒巾、吏巾、将巾、皂隶巾等。也有按形状分的，如两仪巾，后垂飞叶两片；万字巾，上阔下狭形如万字；凌云巾，则用金线或青绒线盘屈作云状。还有按季节分的，如凉帽、冬毡帽、春秋罗帽、遮阳大帽。按年龄分的，如老人巾。也有按质地分的，如软巾、缣巾等等。

网巾是用黑色细绳、马尾、棕丝制作，网口用纱帛做边，边上缀两个金、玉、铜质小圈，戴时将两边绳头穿进小圈内，交叉勒紧，再在头顶束结，使头发齐正，所以又名"一统山河"，当时的社会各阶层人士均可戴用。

知识链接

时尚潮流——"瓜皮小帽"

"瓜皮小帽"亦即延续至民国初年的"瓜皮帽"，它是用六块三角形的罗帛拼缝起来的，下面加上一个帽圈。此帽原为执役卒辈所戴，其后取其方便，士人、商贩、市民均戴。此帽春秋用罗，夏用结棕或用漆纱，冬则用绒或毡，有六瓣、八瓣之分，上作平形或圆形，用线合缝之，下有檐，一名"瓜拉帽"，也称"六合一统帽"。由于瓜皮小帽戴的人多，加之其美观、实用，故瓜皮小帽一出现，就在巾、帽之中占居了很重要的地位。

明代宫廷饮食文化

宫廷饮食文化是构成宫廷文化的又一个重要内容。

明代的宫廷饮食同其他生活内容一样，首先都必须纳入宫廷礼仪规制

之中。

明代宫中饮食活动分为大宴、中宴、常宴和小宴等。这些饮食活动同时也都是一种礼仪活动。在重要的庆典活动时举行大宴，一般性的庆典或对于官员的赏赐等，则举行中宴、常宴或小宴。

在举行宴会之前，尚宝司要设御座于宴会场所，锦衣卫设黄麾，金吾等卫设护卫官，教坊司设九奏乐及大乐、舞队等，光禄寺设酒亭、膳亭、珍羞醯醢亭等，其余太子诸王、文武百官依次设位。开宴时，皇帝就座，奏大乐，鸣鞭。太子亲王及文武百官要先行赞拜仪式，然后就座。赞拜时敬第一爵酒，入座后饮第二爵酒。皇帝举酒群臣亦举酒。每饮一爵则奏各种乐曲，间亦有舞蹈。大宴进九爵，常宴、中宴进三或五爵。

这是皇帝与群臣，或者皇后与宫眷及内外命妇的一种礼仪形式，它虽然也属于宫廷饮食文化范围，但应属比较特殊的部分。宴会的特点在于它是与外廷同时进餐的活动，而宴会上的饮食则无疑是由光禄寺备办的宫廷菜肴。光禄寺是掌管备办祭祀、宴会及宫中膳馐的机构，太祖建国之初洪武元年正月，即曾有谕令："今后但系光禄寺买办一应供用物件，比与民间交易价钱每多十文。且如肉果之数及诸项物件，民人交易一百文一斤，光禄寺买办须要一百十文，随物贵贱每加一分，卖物之人照依时估多取十文利息。"这本是太祖恤民之心，但随着宫廷花费的膨胀，光禄寺大有入不敷出之感。

光禄寺额设银二十四万两，起初年仅用其半，约十二万两，计每月一万两。但到正德、嘉靖间，用至三十六万两，犹称不足。其原因一方面固然是宫廷人数的增加和生活的奢侈。例如嘉靖中宫廷厨役达四千一百名。万历中宫廷花费的奢靡也是举世皆闻的实情，史记："神宗朝宫膳丰盛，列朝所未有，不支光禄钱粮。彼时内臣甚富，皆今轮流备办，以华侈相胜。又收买书画玉器侑馔，谓之孝顺，上惟岁时赏赐而已。"（《天府广记·光禄寺》)但是神宗的宫膳似乎并不是由光禄寺支给,当然,宦官们轮流备办的只是皇帝一人而已,妃嫔宫眷乃至婢仆供事之人还是由光禄寺供给钱粮的。光禄寺支付过大的另一个主要原因是宫廷中的贪污和浪费。仅以宫中饮食所用餐具而论,即为一大项消耗。明英宗正统二年(1437年)谕旨:"比闻进宫中食物所用器皿扛索,十还一二,重复造用,甚费财扰民。今后凡进食物,必须印信揭帖,备书器皿扛索之数,与收领内官姓名,尚膳监如数还之,不足即以奏闻,敢隐瞒扶同者悉坐以罪。"(《天府广记·光禄寺》)内官们在备办宫膳中的贪污,在当时是基本上公开的。穆宗曾向近侍询问果饼、尚食监和甜食房开出采办制作物料清单,竟索银数千两。穆宗笑道:"此饼只需银五钱,便于东长安大街勾栏胡同买一大盒矣,何用多金!"宫膳的节省很使穆宗得到后世史家的好评:"穆宗在位六载,端拱寡营,躬行俭约,尚食岁省巨万。"(《明史·穆宗本纪》)另一件与之相类似的事发生在崇祯年间。崇祯帝"一日欲食米糖,内臣奏令御膳监制进。上问一料所费几何。对曰:'得银八两。'上以银三钱令赴市买之,须臾捧一盒至。上分给各皇子公主,笑曰:'此宁须八两耶!'"(《天府广记·光禄寺》)虚报的钱料当然也就进入了内官们的私囊。

崇祯帝是明朝诸帝中最节俭的一个,据崇祯十五年(1642年)光禄寺揭报:皇帝膳每日三十六两,每月一千四十六两,厨料在外,又药房灵露饮用、粳米、老米、黍米在外。皇后膳每日十一两五钱,每月三百三十五两,厨料二十五两八钱,懿安皇后(熹宗皇后)同。承乾皇贵妃、翊坤贵妃两宫每月各一百六十四两。皇太子膳并厨料每月一百五十四两九钱。定王、永王两宫每月各一百二十两。(同上)即使如此,光禄寺每月册奏一切内外诸费仍约二万余两,年费仍超过额设二十四万两之数。其中中饱私囊者恐仍不是小数字。

明世宗对光禄寺岁支三十六万仍不敷出之事曾发出质问:"今无论祖

宗时两宫大分尽省，九嫔仅十余，宫中罢宴设二十年矣。朕日用膳品悉下料，无堪御者，十坛供品不当一次茶饭，朕不省此三十余万安所用也？"阁臣回答说："祖宗时光禄寺除米豆果品外，征解本色岁额定二十四万，彼时该寺岁用不过十二三万，节年积有余剩，后加添至四十万，近年稍减，乃用三十六万，其花费情弊大可知。而冒费之弊有四：一、传取钱粮原无印记，止凭手票取讨，莫敢问其真伪。二、内外各衙门关支酒饭，或一人而支数分者，或其事已完而酒饭尚支者。三、门禁不严，下人侵盗无算。四、每岁增买瓷器数多。"（《天府广记·光禄寺》）这虽是上下皆知之事，却始终无之奈何。时人称："俗语京师有三不称，谓光禄寺茶汤，武库司刀枪，太医院药方。"（谢肇淛：《五杂俎》卷一三《事部》）可知世宗所言不堪食者，实不虚言。

如此丰盛的御膳，皇帝所食用者微乎其微，大多供给下人或浪费掉了，这与明太祖令子孙知民间艰难之用心，未免大相径庭。

在宫廷饮食中，真正有特色的还当属那些御膳小吃。宫廷生活在许多方面与民间有共同之处，各种节令食品尚好，一如外廷。

每年正月初一吃饺子，宫中称"水点心"或如民间称"扁食"，立春吃春饼，正月十五吃元宵等等，均与民间习俗相同，不过所制更精致罢了。正月也是宫中过年的日子，这是一年之中各种珍馐美味最集中的时候。

明代宫廷宴舞文明

明清时期的宫廷筵宴规模最大的有三种：一是元旦（正月初一）、万寿节（皇帝生辰）、冬至筵宴。此外，还有寿宴（如皇太后圣寿、皇后千秋以及妃嫔等人的生辰宴等）、节庆宴（如端午、中秋、除夕等）、喜庆宴（如皇帝大婚、公主下嫁、大兵凯旋等）。宫廷筵宴往往离不开歌舞侑餐。明代宫廷宴舞主要承袭了宋元时期的队舞，后经洪武年间多次修订，宴乐队舞有了一定发展，为睦邻友好也吸纳了一些周边国家的舞蹈。在盛大场合，宫廷御膳均有宴舞助兴。

据《明史·乐志》记载，明太祖定都金陵（南京）后，立典乐官，冷谦（元末人，知音，善琴瑟）为协律郎，定乐舞制度，雅乐仍分"文舞""武舞"两大类。文舞曰文德之舞；武舞曰武功之舞。文舞生、武舞生各六十二人，引舞各二人。"凡大飨，尚宝司设御座于奉天殿，锦衣卫设黄麾于殿外之东西，金吾等卫设护卫官二十四人于殿东西。教坊司设九奏乐歌于殿内，设大乐于殿外，立三舞杂队于殿下……"凡宫廷中盛大的宴饮活动，必定有一套宫廷乐舞配合复杂而繁琐的宴饮礼仪，《明史·礼七》对此载道："……武舞人，奏《平定天下之舞》。第三爵奏《眷皇明之曲》。乐作，进酒如初。乐止，奏《抚安四夷之舞》。第四爵奏《天道传之曲》，进酒、进汤如初，奏《车书会同之舞》。第五爵奏《振皇纲之曲》，进酒如初，奏《百戏承应舞》。第六爵奏《金陵之曲》，进酒、进汤如初，奏《八蛮献宝舞》。第七爵奏《长杨之曲》，进酒如初，奏《采莲队子舞》。第八爵奏《芳醴之曲》，

进酒、进汤如初，奏《鱼跃于渊舞》。第九爵奏《驾六龙之曲》，进酒如初。光禄寺收御爵，序班收群臣盏。……乐止，撤膳，奏《百花队舞》。"

《平定天下之舞》《车书会同之舞》《抚安四夷之舞》为明代宫廷雅乐中的三种舞蹈。其中，《平定天下之舞》为武舞，曲名《清海宇》；《车书会同之舞》为文舞，曲名《泰阶平》；《抚安四夷之舞》为四夷舞，曲名《小将军》，明洪武时四夷舞舞士为东夷四人、西域四人、南蛮四人、北翟四人，而明永乐时根据实际情况的变化，四夷舞则为高丽舞、琉球舞、北番舞等。从服饰上看，洪武年间《平定天下之舞》舞士皆黄巾束发，青罗生色画舞鹤花样窄袖衫、锦领、红罗销金大袖罩袍——绿云头皂靴。永乐间，乐工舞人引舞的服色则统一为一种式样和颜色。《百花队舞》及《八蛮献宝舞》《采莲队子舞》《鱼跃于渊舞》等都属于队舞中的节目，其中吸收民间艺术成分较多。

洪武十五年（1382年）又重定宴乐队舞：大祀庆成大宴，用《万国来朝队舞》《缨鞭得胜队舞》。万寿圣节大宴，用《九夷进宝队舞》《寿星队舞》。冬至大宴，用《赞圣喜队舞》《百花朝圣队舞》。正旦大宴，用《百戏莲花盆队舞》《胜鼓采莲队舞》。永乐、嘉靖年间又作过修订。但无论如何增减，从这些队舞的名称即可看出，它们的主体内容是歌颂皇帝的文德与武功、宣扬国势强盛、祝福皇帝长寿、歌唱京都等。另外，外国及少数民族来朝贡时，在招待"蕃王番使"的大宴礼上，要"兼用大乐、细乐、舞队"。

为了笼络各少数民族与周边睦邻友好相处，在明代的宫廷宴舞中也专门在宴飨时表演民族民间乐舞。比如，明永乐年间制定宴飨乐舞制度时，就规定在演《抚安四夷之舞》后，要表演《高丽舞》《北番舞》等。"令四夷童歌夷曲、为夷舞，以侑觞，伛偻曲折亦足以观。"

明代民间的器乐文明

说起明代的民间音乐，民间的器乐表演极为重要，明代的民间器乐不同于官方教坊中乐师的作品。

如嘉、隆间名闻于京师的李近楼琵琶，被称作京师一绝。当时人记道："京师有瞽者，善弹琵琶，能作百般声音。尝宴，冠裳，匿屏帏后作之。初作如媪唤伎者声，继作伎者称疾不出，往复数四，诤诉勃溪，遂至掷器破钵，大小纷纭，或詈或哭，或劝或助，坐客惊骇欲散。徐撤屏风，则一瞽者，抱一琵琶而已，它无一物也。又有以一人而歌曲，击鼓钹，拍板。钟、铙合五六器者。不但手能击，足亦能击。此亦绝世之技。异惜乎但为玩弄之具，非知音者也。"（《五杂俎》卷十二《物部》）这应该算是典型的民间器乐表演了。其传授也以民间方式进行，时人称："世庙时，李东垣（即李近楼）善琵琶，江对峰传之，名播京师。江死，陈州蒋山人独传其妙。时周藩有女乐数十部，咸习蒋技，罔有善者，王以为恨。"（《虞初新志》卷一，王猷定：《汤琵琶传》）其后又传于汤应曾，故应曾有"汤琵琶"之名。

这些民间艺人的演奏，除去一些绝技之外，主要是演奏古曲，他们对于中国传统音乐的承传作用是不可磨灭的。随着这种民间器乐的发展，当时民间也形成了流派。例如鼓琴，当时即分为浙操和闽操两派，在手法和曲调上都各不相同。其中浙操近雅，为士大夫所推崇，闽操则更近于乡音。江浙一带的琴技在当时十分出名，崇祯时田贵妃擅琴技，据说传自其母，即当属于浙操之列。这里所说的女乐，即贵族官员和富豪家中的歌舞班。

如沈德符在《顾曲杂言·舞名》中所说："今之学舞者，俱作汴梁与金陵，大抵俱软舞。虽有南舞、北舞之异，然皆女伎为之，即不然，亦男子女装以悦客。"但是明代的这种家伎并不十分的发达。在南、北两京及其他经济发达的城镇，一批与士大夫交往颇多的名伎成为表演音乐舞蹈的主体。余怀《板桥杂记》中说："教坊梨园，单传法部，乃威武南巡所遗也（按盖指武宗南巡之事）。然名伎仙娃，深以登场演剧为耻。若知音密席，推奖再三，强而后可。歌喉扇影，一座尽倾。主之者大增气色，缠头助采，遽加一倍。至顿老琵琶，妥娘词曲，则只应天上，难得人间矣。"

记中的名伎，几乎都是鼓琴清歌的好手，但却无一人以擅舞而名，不知是否与明代妇女缠足有关。缠足后的妇女在表演舞蹈上是颇为困难的，所以当时才会流行男子的女装舞。如吴伟业所记著名舞伎王紫稼、《曲中志》所载的舞伎张小娥等，都是男子而作女装舞。这些名伎中许多人在戏曲表演上都有很深的造诣，但是却不大肯登台演出，颇似当时文人士大夫的做法，这也是一种风气，或者以此自高身价。

不过明代表演型的音乐主要在戏曲表演当中。尤其是明中叶以后兴起的传奇戏所采用的南曲，无论是余姚腔、弋阳腔还是昆山腔，都是地方民间流行的曲调，其中的器乐伴奏也带有明显的地方音乐特色，这就是被后人称作的剧乐。待到魏良辅等人改革昆腔，取代其他诸腔，戏剧音乐更提高到了一个新的高度。

明代的戏曲表演中，不仅有音乐，而且有舞蹈，当时戏曲中的舞蹈也是舞蹈表演的主要形式。不过舞蹈与音乐有所不同，戏曲中的音乐随着时调变化而变化，舞蹈则似乎变化要少一些。从明代杂剧、传奇戏剧本中，我们可以看到许多舞蹈的名目，如《跳和合》《跳钟馗》《舞鹤》《跳虎》《跳八戒》等。这里的《跳八戒》显然是明代的舞蹈，其余的就很难说了。其中的《舞鹤》就是一种很古老的舞蹈。一般来说，模拟动物的舞蹈都会相对形成得早一些，只是这些舞蹈也是在不断变化的。而且这些戏曲表演中的舞蹈也很难区分，哪些是专门为戏曲表演而创作的，哪些是将民间舞蹈移植到戏曲中来的，都不得而知。永乐十七年（1419年），一支来自中亚帖木儿帝国的使团在进入明朝边境后，受到了驻边将士和地方官府的接待，席间并有由优童表演歌舞，其中就有鹤舞。由一名优童扮作仙鹤，随着乐曲翩翩起舞，其高超的舞技令使臣们惊叹不已。而这种流传到西北边远地区的舞蹈显然不是明人的创造。由于帖木儿使臣的叙述，我们无法知道这次表演的鹤舞究竟是单纯的舞蹈表演，还是杂剧中的一段。但是有一点是可以肯定的，那就是明代戏曲中的舞蹈许多是可以单独表演的，而且有相应的固定曲调。

知识链接：

明代民歌文化

明、清时期的民间歌曲、歌谣，不论是在民间流行的，或是刊印成辑的，其内容大都带有历代民歌、小曲所具有的现实性特征。它们真实地反映生活，贴近人民大众的心声，因而具有很强的战斗力和生命力。其中反映统治阶级残酷压迫、人民生活在水深火热的题材最为显著。如明初著名小说《水浒传》中的一段歌谣就是这类作品的代表之一。

明代的酒令文化

酒令不仅能调节宾主饮酒的数量和节奏,让宾主尽享美酒的乐趣,而且能传递一些信息,在寓教于乐中增长人们的才智。明清时期的酒令娱乐性更强,这一方面表现在苛令渐被人们放弃,更加突出行令中的人性化;另一方面酒令内容广涉生活诸多方面,酒令行之更易,市民化趋向明显。

在明代各种类型的酒宴上,有名目繁多的酒令和行令方式。《安雅堂酒令》《觞政》《醉乡律令》《文字饮》《嘉宾心令》《狂夫酒语》《酒家佣》《曲部觥述》《小酒令》等都是总结各种酒令的著作。在《觞政》中,袁宏道分16个部分,详尽地介绍了当时行酒、劝酒、斗酒、祭酒圣等内容。其中:从行酒之类别看,"户饮者角觥咒,气饮者角六博局戏,趣饮者角谈锋,才饮者角诗赋乐府,神饮者角尽累,是曰酒战。经云百战百胜,不如不战。无累之谓也"。从饮酒之欢具看:"楸枰、高低壶、觥筹、骰子、古鼎、昆山纸牌、羯鼓、冶童、女侍史、鹧鸪、沈茶具(以俟渴者)、吴笺、宋砚、佳墨。"

酒令之松严直接影响到人们娱乐的兴致。明人朱晓曾说:行令是为了劝酒,令官"恣行严罚",势必使同席之人望而生畏。据载,常熟士人饮酒立令,相当严酷,杯中余沥有一滴,则罚一杯。若至四滴五滴,也罚如其数。一切均由酒录事监管。又酒令的事例颇多,如不说后语及落台说话,不检举饮不如法,都要受罚。受罚而再为自己辩解,算是搅令,也有罚。即使十次受罚，也必须罚十杯，无一饶恕。又如饮者杯中早已干了，主令者故意找茬，就去检验杯，喝道："有五滴！"那么又罚五杯。这种严酷的酒令只限于常熟一城，与其毗邻的吴江，虽也有一些完整的酒令，但并不如此严酷。如弘治江苏《吴江县志》说当地民间："凡设席会客，以干、格、起、住四字为酒令。干者务要饮干，不留涓滴；格者不得拦格，听其自斟；起，谓不许起身；住，谓不得叫住。犯此四字皆罚。主人出席，禀令自饮一杯，席长供馔，圆揖还位。众宾推举能饮者一人或二人，名曰监令，一席听其觉察，凡语言喧哗，礼容失错者皆议罚，或监令自犯则众宾为之检举。期间亦有不能饮者，则禀于席长，定其分数。监令一出，四座肃然，主人安坐，而客皆醉，所谓'吴江酒令'也。"可见，相比于常熟严令，吴江酒令已非常宽松。在明代江南，南京、苏州两处士大夫饮酒，只用骰子掷色助兴，称为"骰盘令"。掷骰行令，掷着点，各人说骨牌名一句，合数点数。如说不过来，罚一大杯酒，下家唱曲，不会唱者，说笑话。两样都不会，定罚一大杯。文人士大夫饮酒行令，讲究清雅，更多采用文字游戏。如"四声令""顶真续麻""急口令""拆白道字"等。

"四声令"，要求接令者以四声为韵，一韵不叶，罚一杯；不成句，则罚四杯。还不许重出一字，相当难行。比如，田艺蘅与人饮酒，正好秋宵赏月，忽然轻云翳之，于是出一四声令。令曰："云掩皓月。"座客续令者有"天朗气烈""秋爽兴发""蟾皎桂馥""风冷露洁""情美醉极"。最后有一名妓名玉蟾，其接令为"行酒唱曲"。用常言合调，算是雅俗合流。

"顶真续麻"，即下句头一字，乃上句末一字。比如，乔梦符之《联珠格》《小桃红》："落花飞絮隔珠帘，帘静重门掩，掩镜羞看脸儿䩄，䩄眉尖，尖指屈将归期念，念他抛闪，闪咱少欠，欠你病厌厌。"若"顶真"与掷色、花名结合在一起，显得更为复杂。急口令，即绕口令。《金瓶梅》中应伯爵就说了一个急口令："一个急急脚脚的老小，左手拿着一个黄豆巴

225

斗，右手拿着一条棉花叉口，望前只管跑走，一个黄白花狗，咬着拿棉花叉口，那急急脚脚的老小，放下那左手提的那黄豆巴斗，走向前去打那黄白花狗，不知手斗过那狗，狗斗过那手。"

拆牌道字，又称"拆白道字"。在明代，这种文字游戏在民间仍然颇为盛行。据《如梦录》一书，记载有开封城内拆白道字游戏，此戏一般将一字拆为两字，成句道出。例如，黄庭坚之《两同心词》云："你共人女边着子，争知我门里挑心。"其中"女边着子"，即拆"好"字；"门里挑心"，即拆"闷"字。又如，明代都御使韩雍和夏埙饮酒，要求酒令一字内有大人、小人，并以两句谚语释之。韩雍的酒令是："伞字有五人，下列众小人，上侍一大人，所谓'有福之人人服事，无福之人服事人'。"夏埙对曰："爽字有五人，旁列众小人，中藏一大人，所谓'人前莫说人长短，始信人中更有人'。"再如，景泰时有个人叫陈询，为人耿直，不会巴结上司，被外放到安陆任知州。临行前，同僚们设宴为他饯行。饮酒行令时，一学士说道："轰字三个车，余斗字成斜。车车车，远上寒山石径斜。"接下来有人应道："品字三个口，水酉字成酒。口口口，劝君更饮一杯酒。"轮到陈询时，他的酒令是："蠹字三个直，黑出字成黜。直直直，焉往而不三黜。"道出了他走直道不走歪道而屡受打击排挤的愤慨。

酒令不仅为文人士大夫附庸风雅之闲趣，而且也是各方人士饮酒逗趣之工具。万历时有个人叫王俊卿，略通文墨，一次参加宴会，行令官让他说一句古诗，且诗里须包含一物。古诗"月移花影上栏干"被他说成了"腌鱼花影上栏干"，举座大笑。主人灵机一动，改"因过竹院逢僧侣"为"鹦哥竹院逢僧侣"，取"因过"谐音"鹦哥"，巧对"腌鱼"，饶有趣味。还有两个酒徒，一个叫张更生，一个叫李千里，席间，俩人相互以对方的名字做酒令。李千里说："古有刘更生，今有张更生，手中一本《金刚经》，不知是胎生？是卵生？是湿生？化生？"张更生反唇相讥："古有越千里，今有李千里，手中一本《刑法志》，不知是二千里？是二千五百里？是三千里？"这样的酒令虽俗，但幽默，亦可助酒兴。

明代的茶文化

明代是中国茶业与饮茶方式发生重要变革的发展阶段，其中最流行的就是茶馆文化。

"茶馆"一词正式出现在明代末期。据张岱《陶庵梦忆》记载："崇祯癸酉，有好事者开茶馆。"明代茶馆较之唐、宋，多元化倾向更加明显。经过唐、五代、宋、元的发展，茶馆在明代走向成熟。

明代茶馆较之以前各代有了比较明显的变化，其中最重要的是茶馆的档次有了区分，既有面对平民百姓的普通茶馆，也有了满足文人雅士需要的高档茶馆，后者较之宋代更为精致雅洁。茶馆饮茶对水、茶、器都有严格的要求，这样的茶馆自然不是普通百姓可以出入的。明代市井文化相当繁荣，这是由于明代资本主义萌芽的出现，商品经济也十分发达。在这样的社会背景之下，明代的茶馆文化又表现出更加大众化的一面，最为突出的表现即是明末北京街头出现了面向普通百姓的大碗茶。

明代茶馆除了茶水之外，还供应各种各样的茶食，仅《金瓶梅》一书就提及了十余种之多。此外，这一时期曲艺活动盛行。北方茶馆有大鼓书和评书，南方茶馆则盛行弹词。这为明代通俗文学的繁荣起了推波助澜的作用。张岱在《陶庵梦忆·二十四桥风月》还记载了江苏扬州"歪妓多可五六

百人，每日傍晚，膏沐熏烧，出巷口，依徙盘礴于茶馆酒肆之前，谓之'站关'。"可见妓女之众、茶馆之多，而妓女与茶馆的共生关系更值得研究。

元、明茶馆文化具有雅俗共存的特征，从而突破了茶馆的庸俗化倾向，满足了社会各个阶层的不同需求，也使茶馆自身保持了旺盛的生命力，同时，也进一步体现了茶馆文化的开放性和包容性，丰富和发展了中国的茶馆文化。

明人的泡茶与唐、宋的点茶不同，所注重的不再是茶色的白，而是追求茶的自然本色，明代饮用的茶是与现代炒青绿茶相似的芽茶，所以当时所讲的自然之色即绿色。绿色的茶汤，用洁白如玉的白瓷茶盏来衬托，更显清新雅致、悦目自然，而黑盏显然不能适应这一要求。此外，人们在饮茶观念、审美取向上也发生了较大的变化。如张谦德《茶经》所述：

"今烹点之法与君谟不同。取色莫如宣定，取久热难冷莫如官哥。向之建安黑盏，收一两枚以备一种略可。"指出了随着饮茶方式的改变，人们的审美情趣也发生了变化。

由于饮茶方式的改变，明代的茶具与唐、宋相比也有许多创新之处。

其一，贮茶器具的改良。许次纡《茶疏》中有较为具体的说明："收藏宜用瓷瓮……四围厚著，中则贮茶……茶须筑实，仍用厚箬填紧瓮口，……勿令微风得入，可以接新。"

其二，洗茶器具的出现。其目的是为了除去茶叶中的尘滓，洗茶用具一般称为茶洗，质地为砂土烧制，形如碗，中间隔为上、下两层，然后用热水淋去尘垢。

其三，烧水器具主要是炉和汤瓶。炉有铜炉和竹炉，铜炉往往铸有饕餮等兽面纹，明尚简朴。竹炉则有隐逸之气，也深得当时文人的喜爱。

其四，茶壶的出现。明代茶壶不同于唐、宋用于煎水煮茶的注子和执壶，而是专用于泡茶的器具，这只有在散茶普及的情况下才可能出现，明人对茶壶的要求是尚陶尚小。

除茶壶外,茶盏也有所改进,即在原有的茶盏之上开始加盖,现代意义上的盖碗正式出现,而且成为定制。

综上所述,元明的茶具出现了返朴归真的倾向,而明人茶具在注重简约的同时,也进行了改进和发展,甚至影响到今天茶具的形制,如明代的"景瓷"。

景瓷始于汉而兴于唐、宋、元,盛于明。景瓷的特点是胎白细致,釉色光润,具有"薄如纸、白如玉、声如磬、明如镜"的独特风格,是不可多得的艺术品,以至"成杯一双,值十万钱"。明代人把这种洁白光亮的白瓷称"填白",陶瓷史上称"甜白"。景瓷中的青花瓷茶具,更因淡雅滋润,成为国内外茶人的珍赏,而且还作为友谊的使者,远销国外。特别是在日本,这种茶具因享有"茶汤之祖"美誉的珠光而受到特别喜爱,并把它定名为"珠光青瓷"。明代景瓷业的生产繁荣,在原有青白瓷的基础上,先后创造了各种彩瓷,用来装饰茶具的钧红、祭红和郎窑红等名贵色釉纷纷出现,使得明代景瓷呈现出造型小巧、胎质细腻、色彩艳丽的特点,成为艺术珍品。

 ## 明代的藏书楼与藏书文化

明代官、私藏书的情况与明代书籍的整个发展情况是基本相同的,也是经历了一个由明初的官藏为主,到明中叶以后逐渐发展为以私家的藏书为主。

明太祖出身农民，没有机会读书，因此得天下后，对于子孙的读书学习也就格外重视。建国之初，即于宫中建大本堂，"充古今图籍其中，召四方名儒训导太子、亲王"（《明史·职官二》）。这里所说的大本堂，既是诸皇子的学堂，同时也是宫中的图书收藏之所。但其后渐置詹事府，宫中图书收藏便渐移至秘书监。洪武三年（1370年），太祖沿前制设置了秘书监，设监令、监丞、直长等官，专职掌管内府书籍。到洪武十三年（1380年）又并其职于翰林院典籍，但已不似当初秘书监之专职。永乐迁都北京后，将南京宫中部分书籍取运北京宫中，贮之于左顺门北廊。正统六年（1441年）再移之于文渊阁、东阁收贮。正统十四年（1449年）"土木之变"发生后，英宗被俘，宫中慌乱，南京宫中所存图书，悉遭大火，凡宋元以来秘本，一朝俱尽，从此，北京文渊阁遂为有明一代宫中书籍最主要的收藏处。

《明史·艺文志》序记：明太祖定元都，大将军收图籍致之南京。复诏求四方遗书，设秘书监丞，寻改翰林典籍，以掌之。永乐四年，帝御便殿阅书史，问文渊阁藏书。解缙对以尚多阙略。帝曰："士庶家稍有余资，尚欲积书，况朝廷乎？"遂命礼部尚书郑赐遣使访购，惟其所欲与之，勿较值。北京既建，诏修撰陈循取文渊阁书一部至百部，各择其一，得百柜，运致北京。

宣宗尝临视文渊阁，亲披阅经史，与少傅杨士奇等讨论，因赐士奇等诗。是时，秘阁贮书约二万余部，近百万卷，刻本十三，抄本十七。正统间，士奇等言："文渊阁所贮书籍，有祖宗御制文集及古今经史子集之书，向贮左顺门北廊，今移于文渊阁、东阁，臣等逐一点勘，编成书目，请用宝钤识，永久藏弆。"制曰："可。"这里讲到了正统六年移宫中藏书于文渊阁等处的情况，杨士奇并为之而作文渊阁藏书书目，其中记录了至此文渊阁的全部藏书。这是文渊阁藏书的极盛时期。所以明朝人说："自后北京所收，虽置高阁，饱蠹鱼，卷帙尚如故也。"（《万历野获编》卷一

《访求遗书》）

弘治五年（1492年），内阁大学士邱濬奏请于文渊阁近地别建重楼，不用木制，只用砖石，将重要典籍贮以铁柜，以防火灾，对这些几乎无人阅读的藏书进行了必要的保护。但即使如此，由于常年无人整理，阁内藏书自然受到了损坏。

这种情况一直延续到正德年间。正德十年（1515年），大学士梁储等请检内阁藏书的残阙，杨廷和请令中书胡熙、典籍刘伟、主事李继先等人查校，由是盗出甚多。藏书反倒受到了人为的破坏。至嘉靖中，御史徐九皋上言请查对历代艺文志，凡阁中不藏者，借民间书籍抄补，但因其奏疏中涉及劝世宗临朝之事，结果一并被驳回。此后七八十年，再至万历间，"其腐败者十二，盗窃者十五。杨文贞正统间所存文渊阁书目，徒存其名耳"（《万历野获编》卷一《访求遗书》）。

其实，明代私人藏书自明初即已有之，至少从永乐以后，一些居官既久的官僚化的士大夫便开始有收藏之好。如当时的名臣内阁大学士杨荣即以家中藏书甚富而闻名。但是他们的藏书大都只作为一种单纯收藏，并无实际作用。以杨荣家藏为例，据明人所记，至万历间，经历二百年之久，而其书若手未触者。这些藏书者的后人对于书籍并不珍惜，所以到明中叶以后，一些收藏书籍的士大夫往往能够以低廉的价格购到十分珍稀的版本。这就造成了许多明代藏书大户的藏书传之不久。

 扩展阅读　严氏服装

明代的《天水冰山录》中列举的被查抄的严嵩、严世蕃父子所拥有的服装，集中反映了明代服装的大致情形，简直如同服装博物馆，甚至像皇帝穿的高级服装，在严氏之家也可以寻找到。仅各色织金妆花男女衣服，就分为如下多种。

一类是缎衣。严氏父子拥有的各种样式的缎衣，居各色服装之首。

一类是绢衣。严氏计有绢衣一百九十二件之多。

一类是罗衣。严氏贮藏了众多的罗衣，多达一百四十五件。

一类是纱衣。严氏所拥有的纱衣比皇家则有过之而无不及，多达三百四十六件。

一类是纳衣。严氏父子所拥有各类纳衣共计八十九件之多。

一类是改机衣。严氏收藏"改机布"二百七十四匹，"改机衣"虽只有十七件，但质地一流。

一类是绒衣。严氏父子收藏绒衣多达一百一十三件。

为了显示自己的富有与尊贵，严氏父子还收藏了不少稀罕服装品种。